Moskau auf einen Blick

Inhalt

7 Moskau entdecken

8 Willkommen in Moskau
9 Kurztrip nach Moskau
9 Das gibt es nur in Moskau
12 Stadtspaziergang

14 Roter Platz und Kitaj-Gorod
14 ❶ Historisches Museum ★ [E4]
14 ❷ Auferstehungstor ★ [E4]
14 ❸ Kasaner Kathedrale ★ [E4]
15 ❹ Roter Platz ★★★ [E4]
16 ❺ GUM ★★★ [E4]
17 ❻ Lenin-Mausoleum ★★ [E4]
18 ❼ Basilius-Kathedrale ★★★ [E5]
19 ❽ Alter Englischer Hof ★★ [F5]
20 ❾ Palast der Bojaren Romanow ★ [F5]
20 ❿ Epiphanienkloster ★★ [E4]

◁ *Die Basilius-Kathedrale* ❼ *ist eines der Wahrzeichen der Stadt (001mo Abb.: bl)*

4 Inhalt

20	⓫ Revolutionsplatz ★ [E4]	
20	⓬ Bolschoj-Theater ★★★ [E3]	

22 ⓭ Der Kreml ★★★ [E5]
- 25 ⓮ Kremlpalast ★ [E5]
- 25 ⓯ Glockenturm Iwan der Große ★★★ [E5]
- 26 ⓰ Erzengel-Kathedrale ★★★ [E5]
- 27 ⓱ Zwölf-Apostel-Kirche und Patriarchenpalast ★★ [E5]
- 27 ⓲ Mariä-Himmelfahrtskathedrale ★★★ [E5]
- 28 ⓳ Mariä-Verkündigungskathedrale ★★★ [E5]
- 29 ⓴ Großer Kremlpalast ★★ [E5]
- 29 ㉑ Rüstkammer ★★★ [D5]
- 30 ㉒ Diamantenfonds ★★★ [D5]

31 Samoskworetschje
- 31 ㉓ Schokoladenfabrik Roter Oktober ★★ [D6]
- 32 ㉔ Haus am Ufer ★ [D6]
- 32 ㉕ Alte Tretjakow-Galerie ★★★ [E6]
- 33 ㉖ Skulpturenpark Muzeon ★★ [D7]
- 33 ㉗ Neue Tretjakow-Galerie ★★★ [D7]
- 35 ㉘ Gorki-Park ★★★ [D8]

36 Twerskaja
- 36 ㉙ Twerskaja Uliza ★★ [D3]
- 36 ㉚ Museum für Moderne Geschichte Russlands ★★ [D3]
- 36 ㉛ Metrostation Majakowskaja ★★★ [C2]
- 38 ㉜ Bulgakow-Wohnhaus ★★★ [C2]
- 38 ㉝ Gorki-Wohnhaus ★★★ [C4]
- *39* *Jugendstil in Moskau*

40 Ostoschenka
- 40 ㉞ Christ-Erlöser-Kathedrale ★★ [D6]
- 41 ㉟ Puschkin-Museum der Bildenden Künste ★★★ [D5]
- 43 ㊱ MAMM (Multimedia Art Museum Moscow) ★★★ [C6]
- 43 ㊲ Tolstoj-Wohnhaus ★★★ [B7]

44 Entdeckungen außerhalb
- 44 ㊳ Neujungfrauenkloster (mit Friedhof) ★★★ [bj]
- 46 ㊴ Sommerresidenz der Zaren in Kolomenskoje ★★★ [S. 142]
- 47 ㊵ Allrussisches Ausstellungszentrum WDNH ★★★ [df]
- 48 ㊶ Zarenpalast Zarizyno ★★★ [S. 142]
- 49 ㊷ Peredelkino – Boris Pasternaks Wohnhaus ★★ [S. 142]
- 50 ㊸ Gorki Leninskije (Lenins Landsitz) ★★★ [S. 142]
- 51 ㊹ Sergijew Possad ★★ [S. 142]

53 Moskau erleben
- 54 Moskau für Kunst- und Museumsfreunde
- 60 Moskau für Genießer
- *63* *100 Gramm Wodka*
- 71 Moskau am Abend
- 75 Moskau für Shoppingfans
- *78* *Die Matrjoschka*
- 83 Moskau zum Träumen und Entspannen
- 84 Zur richtigen Zeit am richtigen Ort
- *86* *Feste und Feiertage*

87 Moskau verstehen
- 88 Moskau – ein Porträt
- *90* *Stalins „sieben Schwestern"*

92	Von den Anfängen bis zur Gegenwart
95	Leben in der Stadt
97	*Street-Art in Moskau*
99	Moscow City – der Himmel über Moskau

101 Praktische Reisetipps

102	An- und Rückreise
104	Barrierefreies Reisen
104	Diplomatische Vertretungen
104	Ein- und Ausreisebestimmungen
106	Elektrizität
106	Geldfragen
108	*Moskau preiswert*
108	Informationsquellen
110	Internet
110	*Meine Literaturtipps*
111	Medizinische Versorgung
112	Mit Kindern unterwegs
113	Notfälle
114	*Infos für LGBT+*
115	Öffnungszeiten
115	Post
115	Sicherheit
115	Sport und Erholung
117	Sprache
117	*Banja als Lebenselixier*
118	Stadttouren
119	Telefonieren
119	Toiletten
119	Uhrzeit
119	Unterkunft
123	Verhaltenstipps
123	Verkehrsmittel
125	*Die Metro: Utopia unter der Erde*
127	Versicherungen
128	Wetter und Reisezeit

129 Anhang

130	Kleine Sprachhilfe Russisch
133	Register
138	Die Autorin
138	Impressum
139	Liste der Karteneinträge
142	Karte: Moskau, Umgebung
144	*Moskau mit PC, Smartphone & Co.*
144	Zeichenerklärung

Zeichenerklärung

★★★ nicht verpassen
★★ besonders sehenswert
★ wichtig für speziell interessierte Besucher

[A1] Planquadrat im Kartenmaterial. Orte ohne diese Angabe liegen außerhalb unserer Karten. Ihre Lage kann aber wie die aller Ortsmarken mithilfe der begleitenden Web-App angezeigt werden (s. S. 144).

Abkürzungen

Bul(war)	Boulevard
Most	Brücke
Nab(ereschnaja)	Uferstraße
Per(eulok)	Gasse
Pl(oschtschad)	Platz
Projesd	Durchgang
Pr(ospekt)	Allee
Ul(iza)	Straße

Updates

www.reise-know-how.de/citytrip/moskau20

Orientierung vor Ort

Zur Orientierung sollte man sich zumindest **die ersten drei kyrillischen Buchstaben** einer Straße merken. Das erleichtert auch die **Suche nach Lokalitäten,** die sich manchmal schwierig gestaltet. Meist fehlen Hausnummern, oft befindet sich der Eingang in einem Hinterhof.

Telefonvorwahl

Falls bei den angegebenen Telefonnummern keine Vorwahl vorangestellt ist, gilt die Vorwahl 495. Will man in Moskau von einer Zone in die andere telefonieren (z. B. von 499 zu 495), muss die 8 vorangestellt werden. Innerhalb der 499-Zone muss die 499 mitgewählt werden! Die Vorwahl von Russland lautet +7.

Europas größte Stadt hat sich zu einer hochmodernen, mit 90.000 neuen Bäumen aufgehübschten Megacity gemausert. Der neue Hotspot der Moskowiter ist der Sarjadje-Park hinter dem Roten Platz. Von dort aus scheint es neuerdings so, als stehe die Basilius-Kathedrale im Wald (s. S. 20).

Sarjadje-Brücke
Vorbei an QR-Code-Kuppel, Medienzentrum und Café geht es durch vier Klimazonen zur magischen schwebenden Brücke mit XXL-Panorama (s. S. 20).

Moscow City
Der neue Stadtteil ist lebendig geworden. Im Moscow City Museum im 56. Stock des Imperia Towers sieht man real und mit VR-Brille, wie sehr die neuen Wolkenkratzer das Antlitz der Stadt verändert haben (s. S. 99).

Foodie-Mekka
In den Restaurants der Karawajewi-Brüder (s. S. 67) und im Lawkalawka (s. S. 64) gibt es frische regionale Biokost, auch zum Mitnehmen. Das Dr. Schiwago Grand Café serviert im ehrwürdigen National-Hotel moderne russische Gerichte (s. S. 63).

Hipster-Hauptstadt
Vor rund 100 Jahren eroberten die Bolschewiken die Fabriken. Jetzt verwandeln die Moskauer Hipster eine nach der anderen in Kunst-, Mode- und Shopping-Eldorados. Nach der Glasbrennerei Flakon kam nun die Brotfabrik Chlebosawod Nr. 9 hinzu (s. S. 59).

Heike Maria Johenning

CITY|TRIP
MOSKAU

Nicht verpassen! Karte S. 3

4 Roter Platz [E4]
Bei Tag und bei Nacht übt dieser geschichtsträchtige Ort eine magische Faszination aus. Im GUM gibt es authentische Sowjetküche (s. S. 15).

7 Basilius-Kathedrale [E5]
Le Corbusier nannte sie „das Teufelswerk eines beschwipsten Konditors", dabei ist sie für viele das ultimative Symbol Russlands (s. S. 18).

12 Bolschoj-Theater [E3]
Es ist und bleibt eine Legende! Nach mehrjähriger Renovierung wurde das berühmteste Theater des Landes mit Zarenadler und deutscher Technik veredelt (s. S. 20).

13 Kreml [E5]
Spektakuläre Kirchen und Museen sowie ein Blick vom Glockenturm machen den Kreml zu einem absoluten Highlight eines jeden Moskaubesuchs (s. S. 22).

25 Alte Tretjakow-Galerie [E6]
Die Galerie beherbergt die weltweit umfangreichste Sammlung russischer Kunst. Die Gemälde von Michail Wrubel, dem russischen Cézanne, vergisst man nicht (s. S. 32).

28 Gorki-Park [D8]
Aus der Sowjetkirmes ist eine Vergnügungsoase mit Bootsanleger, Stadtstrand und Rem Koolhaas' „Garage" geworden (s. S. 35).

31 Metrostation Majakowskaja [C2]
Sie gilt als die schönste Metrostation der Welt – und dabei war sie einst ein Luftschutzkeller (s. S. 36).

33 Gorki-Wohnhaus [C4]
Die „Villa Rjabuschinskij" ist das Kronjuwel in der wenig bekannten Jugendstil-Schatulle der russischen Hauptstadt (s. S. 38).

37 Tolstoj-Wohnhaus [B7]
Lenin beschloss 1921, die unnachahmliche Atmosphäre vom Ende des 19. Jh. an diesem Ort für immer zu konservieren. Selbst Tolstojs Fahrrad steht noch da (s. S. 43).

40 WDNH [df]
Die „Sowjetunion im Kleinen" feierte 2019 ihr 80-jähriges Bestehen. Neben den restaurierten Pavillons im Stalin-Empire-Stil gibt es neue Attraktionen wie ein Kinomuseum oder „Miniatur-Moskau" (s. S. 47)

Leichte Orientierung mit dem cleveren Nummernsystem
Die Sehenswürdigkeiten sind im Text und im Kartenmaterial mit derselben **magentafarbenen ovalen Nummer** ❶ markiert. Alle anderen Lokalitäten wie Geschäfte, Restaurants usw. tragen ein **Symbol und eine fortlaufende rote Nummer** (🔴1). Die Liste aller Orte befindet sich auf Seite 139, die Zeichenerklärung auf Seite 144.

MOSKAU ENTDECKEN

Willkommen in Moskau

Viele der Hauptsehenswürdigkeiten befinden sich in den ersten **drei konzentrischen Kreisen um den Kreml** herum. Die Entfernungen sind allerdings enorm, man kann nur Teilstrecken laufen, sollte Pausen einlegen und sich auch mit Bussen und der Metro fortbewegen. Als geeigneter Ausgangspunkt bietet sich die Metrostation Alexandrowskij Sad an. Von hier aus kann man eine **Kreml-Besichtigung** ⓭ starten oder den **Roten Platz** ❹ erkunden oder beides. Man bummelt durch den Alexander-Garten und Kitaj-Gorod (s. S. 14), Moskaus Altstadt, vorbei an traumhaften Kirchen und historischen zigartigen Gebäuden und Plätzen. Wer gut zu Fuß ist, sollte hinter der **Basilius-Kathedrale** ❼ am neuen Sarjadje-Park (s. S. 20) vorbei in Richtung Kreml-Ufer spazieren. Von der Moskworezkij-Brücke hat man einen fantastischen Blick auf den Kreml. Nicht über die Brücke, sondern am Flussufer rechts herunter kommt man zur **Christ-Erlöser-Kathedrale** ㉞ und zum **Puschkin-Museum** ㉟, in dem es allerdings keine russische Kunst zu sehen gibt, sondern westeuropäische. Eine romantische Fußgängerbrücke hinter der Kathedrale führt über die Moskwa zur früheren, vor allem als Gastro- und Nightlife-Areal interessanten Schokoladenfabrik Roter Oktober ㉓ und schließlich in den noch immer sehr ursprünglichen Stadtteil Samoskworetschje (s. S. 31), in dem einige der einstmals 200 Kirchen, viele Gassen und Kaufmannshäuser erhalten geblieben sind. Hier, südlich des Kreml, sind auch beide Tretjakow-Galerien ㉕ ㉗ und der Gorki-Park ㉘ zu finden, die jetzt durch eine Fußgängerzone miteinander verbunden sind. Der spektakuläre Park bietet endlose Alleen und Cafés, aber auch Leihfahrräder und einen Bootsanleger. Neuerdings verkehren auch im Winter moderne Glasdachboote (s. S. 127), die sich perfekt für eine Stadtrundfahrt eignen. Alternativ startet der rote Hop-on-Hop-Off-Bus (s. S. 118) auf der Höhe der Tretjakow-Galerie.

Einen Eindruck von der urbanen Riesenhaftigkeit der größten Stadt Europas bekommt man, wenn man mit dem Bus „ъ" eine Teilstrecke über den dritten konzentrischen Kreis, den zwölfspurigen Gartenring, fährt. Eine Besonderheit unter den Sehenswürdigkeiten Moskaus sind die sogenannten Wohnhausmuseen. Mindestens eine Schriftstellerwohnung sollte man besucht haben. Zu **Tolstojs Wohnhaus** ㊲ fährt man am besten mit dem Bus 15 von der Metrostation Kropotkinskaja.

Fans moderner Architektur sei ein Besuch in Moscow City (s. S. 99) ans Herz gelegt. Moskaus Manhattan ist per Metro bequem zu erreichen (Metro: Wystawotschnaja, Meschdunarodnaja oder Delowoj Zentr). Das Restaurant Sixty (s. S. 65) und das Moscow City Museum (s. S. 100) sind ebenfalls den Ausflug wert. Eine Fahrt mit der **Moskauer Metro** (s. S. 125) ist ohnehin Pflichtprogramm für Moskau-Besucher.

◁ *Vorseite: Die neue schwebende Brücke im Sarjadje-Park (s. S. 20) bietet spektakuläre Blicke auf das alte Zentrum der Stadt*

Kurztrip nach Moskau

1. Tag: das Epizentrum der Großmacht

Der erste Tag in Moskau beginnt aufgrund der Zeitverschiebung von plus ein oder zwei Stunden meist nicht allzu früh. Als perfekte Einstimmung auf die Hauptstadt des flächenmäßig größten Landes der Erde bietet sich der **Rote Platz** ❹ mit **GUM** ❺, **Lenin-Mausoleum** ❻ und **Basilius-Kathedrale** ❼ an, wie im **Stadtspaziergang** auf Seite 12 beschrieben. Nach dem anschließenden Kreml-Besuch gibt es mehrere Alternativen. **Kunstinteressierte** flanieren an der **Schokoladenfabrik** ㉓ vorbei zur **Alten** und/oder **Neuen Tretjakow-Galerie** ㉕ bzw. ㉗ und erreichen am Abend den **Gorki-Park** ㉘. Hier könnte man zu einer Abendfahrt mit dem **Flotilla-Boot** (s. S. 127) aufbrechen. Im Winter kann man im Park rund um die Uhr Schlittschuh laufen …

Shopping-Fans gehen zurück zum Roten Platz und verschwinden erst mal im GUM. Im EG oder im 3. Stock gibt es Kaffee und Snacks. Wenn man **mit Kindern unterwegs** ist, sollte man vom GUM bis zum Kinderkaufhaus **Centralnyj Detskij Magasin** (s. S. 21) bummeln (ca. 30 Min.). Lego-Kreml, Hüpfburg, Mitmachmuseum, Kinderkino und Foodcourt machen die „Kinderwelt" zum Paradies auf Erden. Wenn die Energiereserven noch reichen, könnte man sich abends die Stadt von oben ansehen, vielleicht im Restaurant **Sixty**, im Federation Tower oder im **Ruski** im Oko Tower, beides in Moscow City (s. S. 99), oder in der **O2 Lounge** (s. S. 64) im Zentrum und dabei fürstlich speisen. Danach taucht man ab ins aufregende Moskauer Nachtleben (s. S. 71) …

Das gibt es nur in Moskau

› *Die **Stalin-Kathedralen** (s. S. 90) prägen das Stadtbild Moskaus. Sie werden auch „Stalins sieben Schwestern" genannt, so sehr lagen sie ihm am Herzen.*

› ***Moscow City*** *(s. S. 99) war jahrelang die größte Baustelle Europas und ist jetzt ein Traum für Wolkenkratzerfans. Nur fünf Kilometer Luftlinie vom Kreml entfernt kommt man dem Himmel ganz nahe.*

› *Folienkartoffeln to go bei **Kroschka Kartoschka** (s. S. 67). Etwas ungewohnt ist die mit Käse, Butter und verschiedensten Füllungen angerichtete Kartoffel schon, dafür aber der gesündeste russische Snack am Markt.*

› *In der Metrostation Park Pobedy [aj] befindet sich die **längste Rolltreppe der Welt**. Man sollte sich gut festhalten, sie ist 126 Meter lang und fährt sehr schnell. Rechts stehen, links gehen!*

› *Der **Fernsehturm Ostankino** war bis 1975 mit 537 Metern das höchste freistehende Bauwerk der Welt und ist heute der vierthöchste Fernsehturm. Metro: VDNH, dann Monorail, ww.tvtower.ru, tägl. 10–22 Uhr.*

› ***Le Corbusiers*** *einzige Hinterlassenschaft in Russland: Das gigantische **Zentrosojus-Bürohaus** [G2] ist ein dunkelroter, zwischen 1928 und 1936 erbauter Avantgardebau mit Fensterbändern, Dachgarten, offenen Rampen (statt Treppen) und seinem Markenzeichen, einem auf Stelzen ruhenden Erdgeschoss, Mjasnitskaja Ul. 39, Metro: Krasnyje Worota.*

2. Tag: entlang der alten Zarenstraße

Den zweiten Tag beginnt man im Herzen der Stadt. Hierzu nimmt man die **Metrostation Majakowskaja** ❸❶ als Ausgangspunkt. Um die Ecke befindet sich eine Filiale von Karawajewi (2, s. S. 67). Von dort schlendert man die Twerskaja Ul. ein Stück herunter, vorbei am Museum für Moderne Geschichte ❸⓪, das einen Besuch lohnt. Man unterquert den Puschkin-Platz, wechselt dabei die Straßenseite und läuft weiter bis zum Jugendstil-Lebensmittelgeschäft Jelissejew (s. S. 82). Alternativ spaziert man zum **Bulgakow-Wohnhaus** ❸❷ und erst danach die Twerskaja Ul. hinunter. Zum Mittagessen eignet sich das Puschkin (s. S. 65) am gleichnamigen Platz, das den Besucher in das 19. Jh. entführt und vorzügliche russische Küche bietet. Aber auch das preisgünstigere Grabli (s. S. 67) und das Restaurant Scenario (s. S. 65) sind um die Ecke.

Vom Puschkin-Platz aus kann man sich das **Gorki-Wohnhaus** ❸❸ ansehen, sofern man ein Fan des Jugendstils ist. Oder man steigt in den Bus Nummer 15 und fährt (ca. 30 Min.) bis zu **Tolstojs Wohnhaus** ❸❼, eines der schönsten seiner Art weltweit. Bei Karawajewi (3, s. S. 67) um die Ecke gibt es wunderbare Snacks und guten Kaffee. Fährt man mit dem Bus Nr. 15 weiter, erreicht man das **Neujungfrauenkloster** ❸❽ und dessen zauberhaften Friedhof. Mit demselben Bus gelangt man in entgegengesetzter Richtung zur Metrostation Kropotkinskaja. Von hier aus könnte man noch einen Sprung in das Mekka der Fotografie (**MAMM**) ❸❻

↑ *Blick auf den Kreml* ❶❸ *von der Brücke zur Schokoladenfabrik* ❷❸

machen oder von der Metrostation zwei Stationen bis Ochotnyj Rjad fahren. Nun taucht man am Ende der Twerskaja Ul. wieder auf. Dort befindet sich das Ritz Carlton (s. S. 122) mit der spektakulären **O2-Lounge-Terrasse**, die sich perfekt für einen Sundowner eignet. Danach hat man die Wahl: Einen Besuch im **Bolschoj-Theater** ⑫ oder in der Sandunowskaja Banja (s. S. 116) wird man nicht vergessen.

3. Tag: Zeitreisen ins Grüne

Am dritten Tag hat man Zeit, sich den Grüngürtel der Stadt anzusehen. Sowjetnostalgiker werden das **WDNH** ⑳ nicht verpassen wollen. Es ist architektonisch betrachtet eine Sowjetunion im Kleinen und liegt zwar außerhalb, aber in unmittelbarer Metronähe – sowohl das Denkmal aller Denkmäler mit dem **Museum im Sockel** (s. S. 57) als auch das **Raumfahrtmuseum** (s. S. 56) und das **Miniatur-Moskau** sind fußläufig erreichbar und bieten perfekte Zeitreisen. Liebhaber opulenter Zarenschlösser- und Schlossgärten werden sich eher für **Zarizyno** ㊶ oder **Kolomenskoje** ㊴ entscheiden. Wobei man in Kolomenskoje auch den neuen Holzpalast besichtigen kann – ein Kuriosum und einstmals als „achtes Weltwunder" bezeichnetes Bauwerk. Steigt man an der Metrostation Alexandrowskij Sad oder Kiewskaja in die hellblaue Metrolinie ein, gelangt man direkt nach Moscow City (s. S. 99).

Moskaus Manhattan hat nicht nur Shopping-Malls zu bieten. Das Lokal Sixty (s. S. 65) eignet sich auch, um lediglich einen Kaffee zu sich zu nehmen. Die höchste Terrasse Europas ist im benachbarten Oko Tower zu finden. Dort befindet sich auch das Lokal Ruski (s. S. 100).

▷ *Nicht nur im Raumfahrtmuseum (s. S. 56) wirkt Moskau bisweilen wie ein fremder Planet*

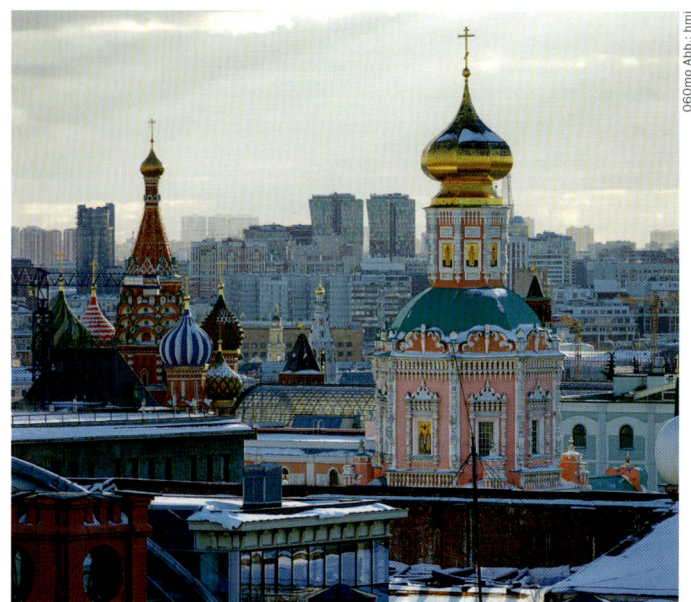

Stadtspaziergang

Idealer Ausgangspunkt für den vier- bis fünfstündigen Spaziergang (Kremlbesuch nicht mitgerechnet) ist das historische Stadtzentrum. Nach einem Frühstück in einem der zahlreichen Cafés startet man an der Metrostation Ochotnyj Rjad (Ausgang Manegenplatz/Maneschnaja Ploschtschad) [E4]. Man steht vor dem **Historischen Museum** ❶ und geht hinein oder links daran vorbei durch das **Auferstehungstor** ❷ auf den **Roten Platz** ❹. Man schlendert über einen der größten Plätze der Welt, vorbei am **Lenin-Mausoleum** ❻ zur **Basilius-Kathedrale** ❼, an der man links in die Warwarka Ul. einbiegt. Ein kleiner Abstecher in den **Sarjadje-Park** (s. S. 20) lohnt sich. Geht man die Stufen herunter und immer geradeaus, erreicht man die neue schwebende Brücke. Zurück in der Warwarka Ul., geht es in die Rybnyj Per., die am Börsenplatz vorbeiführend in die Borgojawlinskij Per. übergeht. Nun steht man plötzlich vor dem **Epiphanienkloster** ❿. Auf der

> **Routenverlauf im Stadtplan**
> Der hier beschriebene Spaziergang ist mit einer farbigen Linie im Stadtplan eingezeichnet.

◪ *Der Glockenturm des ehemaligen Epiphanienklosters* ❿ *ist feinster Moskauer Barock*

vor wenigen Jahren in eine Fußgängerzone umgewandelten Nikolskaja Ul. gelangt man links wieder zum Roten Platz zurück. Ein Besuch im **GUM** ❺ gehört zum Pflichtprogramm, inklusive Caffè Latte im Bosco Café (s. S. 68) oder Sowjetsnack in der Stolowaja 57 im 3. Stock.

Durch das Auferstehungstor geht es zurück zum Manegenplatz und links an der Kreml-Mauer weiter zum Zentrum der Macht.

Im Alexandergarten kauft man ein Ticket für den **Kreml** ⓭, entweder nur für das Kremlareal inkl. Kathedralen oder, wenn man mehr Zeit hat, zusätzlich für Rüstkammer und Glockenturm. Danach gibt es eine Stärkung im Café Eat & Talk (s. S. 69) oder im Respublica (s. S. 79). An der dortigen Metrostation Alexandrowskij Sad nimmt man den Ausgang Borowizkaja und schlendert an der Lenin-Bibliothek vorbei über die Mochowaja Ul., überquert die Snamenka Ul. und erreicht über die Wolchonka Ul., am Puschkin-Museum ㉟ vorbei, die Christ-Erlöser-Kathedrale ㉞. Ein Blick hinein ist lohnenswert. Dann geht es weiter über die romantische Fußgängerbrücke dahinter, die über die Moskwa und zur **Schokoladenfabrik Roter Oktober** ㉓ führt. An der ersten Treppe geht man hinunter, verweilt in der Bar Strelka (s. S. 62) und flaniert zwischen den Backsteinbauten. Jetzt hat man die Wahl. Eine der beiden Tretjakow-Galerien sollte man sich unbedingt anschauen. Man muss in jedem Fall zurück auf die Brücke und rechts weiter bis zu deren Ende. Rechts am Flussufer weiter geht es zur Alten **Tretjakow-Galerie** ㉕, links zur Neuen ㉗. Entscheidet man sich für die Neue, erreicht man zunächst eine herrliche, ruhige Fußgängerzone. Die quadratische „Kiste" ist die Neue Tretjakow-Galerie, deren Eingang auf der anderen Seite liegt. Hinter der Galerie befindet sich der ebenfalls interessante Skulpturenpark Muzeon ㉖. Schlendert man geradeaus unter der Krymskij-Brücke weiter, erreicht man den geschichtsträchtigen **Gorki-Park** ㉘, der sich zu jeder Uhrzeit empfiehlt. Hier gibt es Café-Restaurants, Lounge-Sessel, den Kunstpavillon Garage (s. S. 59) … und den Bootsanleger mit den Flotilla-Glasdachbooten (s. S. 127), auf denen man zu jeder Jahreszeit eine wunderbare Stadtrundfahrt machen kann: auch spätabends ein tolles Erlebnis!

▷ *Der Lego-Kreml, zu sehen bei Hamleys im größten Kinderkaufhaus der Welt (CDM, s. S. 21)*

Roter Platz und Kitaj-Gorod

Der Rote Platz war seit jeher „das Herz Russlands", wie Stefan Zweig schrieb. Der frühere Marktflecken grenzt an einen der ältesten Stadtteile Moskaus. Erste Ansiedlungen gab es hier bereits vor der Stadtgründung im Jahre 1147.

❶ Historisches Museum ★ [E4]

Von dem riesigen, tiefroten Museumsgemäuer im neorussischen Stil und dem majestätisch davor thronenden Marschall Schukow ist man zunächst eingeschüchtert. Das Denkmal zeigt den Feldherrn in der Pose, die er während der Siegesparade 1945 auf dem Roten Platz eingenommen hatte und steht dort erst seit 1995. Für die 4,5 Millionen Exponate und 12 Millionen Dokumente, die zum Teil von reichen russischen Aristokraten- und Industriellenfamilien gestiftet wurden, braucht man einen langen Atem. Am besten sucht man sich vorher bestimmte Säle aus. Die archäologischen Fundstücke wie Münzen und Medaillen, Manuskripte, Schmuck, antike Bernsteinjuwelen und ein 5000 Jahre altes Eichenschiff spiegeln die Geschichte der Völker des Russischen Reiches wider. Das benachbarte frühere Lenin-Museum wurde vollständig saniert und beherbergt jetzt das **Museum des Russlandfeldzugs** von Napoleon im Jahr 1812 (https://shm.ru/museum/mov). Ein englischer Audioguide und die am Eingang ausliegende Broschüre auf Englisch helfen bei der Orientierung.

› Исторический музей (Istoritscheskij Musej), Krasnaja Pl. 1/2 (Roter Platz), Metro: Teatralnaja, Ochotnyj Rjad, www.shm.ru, Tel. 6923731, tägl. 10–18 (Juni–Aug. bis 21), Fr./Sa. bis 21 Uhr, Sept.–Mai Di. geschlossen, Kasse schließt eine Stunde früher

❷ Auferstehungstor ★ [E4]

Unmittelbar vor dem Auferstehungstor mit den Zwillingstürmen, durch das fast jeder Tourist den Roten Platz zum ersten Mal betritt, befindet sich der **Straßennullkilometer**, markiert durch eine Bronzeplatte im Pflaster. Früher wurde von ihm aus die Entfernung nach St. Petersburg gemessen. Stellt man sich dorthin und wirft eine Münze über die Schulter, hat man einen Wunsch frei. Das Auferstehungstor wurde zusammen mit der Kasaner Kathedrale Mitte der 1990er-Jahre wieder aufgebaut. Die Originaltürme mit den grünen Zeltdächern mussten unter Stalin den Panzerparaden weichen.

› Воскресенские ворота (Woskresenskije worota)

❸ Kasaner Kathedrale ★ [E4]

Die Kirche der Gottesmutter von Kasan wurde erst 1993 nach altem Vorbild neu errichtet, finanziert wurde der Bau mit Spendengeldern. Sie war 1636 als Denkmal für Zar Michail Romanows Sieg über Polen-Litauen errichtet und nach der Ikone der Jungfrau von Kasan benannt worden. Charakteristisch für eine frühe Moskauer Kirche sind die verzierten Fenster, die typisch russischen Giebel und die grünen und goldenen Kuppeln.

› Казанский собор (Kasanskij Sobor), Nikolskaja Ul. 3, Metro: Ochotnyj Rjad, tägl. 8–19 Uhr

❹ Roter Platz ★★★ [E4]

Nicht nur für Russen ist der Rote Platz ein magischer Ort. Den ersten Blick auf die Basilius-Kathedrale wird man nicht zuletzt deshalb nie mehr vergessen, weil die gewölbte Oberfläche den imperialen Platz unwirklich erscheinen lässt.

Der 500 Meter lange und 150 Meter breite frühere Marktplatz erscheint einem zunächst kleiner, als man ihn aus dem Fernsehen in Erinnerung zu haben glaubt. Doch der Platz, der im 14. Jh. Feuerplatz hieß, ist **einer der größten Plätze der Welt.** Wenig bekannt ist, dass der Rote Platz fast 120 Jahre lang auch **Platz der Wissenschaften** war. Dort wo heute das Historische Museum ❶ steht, nahm 1755 die erste Moskauer Universität ihren Lehrbetrieb auf. Sie wurde später ein paar hundert Meter weiter an die Mochowaja Ul. verlegt.

Der Rote Platz hieß eigentlich „schöner Platz", denn ursprünglich bedeutete das Wort *krasnyj* „schön". Ende des 19. Jh. verschob sich die Bedeutung „schön" zugunsten von „rot" (Roter Platz). Mit der kommunistischen Symbolfarbe Rot hat die Bezeichnung nichts zu tun. Allerdings hatte der Platz immer auch eine **politische Bedeutung,** denn er schien alle Triumphe und Tragödien Russlands zu verkörpern. Hier verlasen Herolde die Zarenerlasse, hier gab es Hinrichtungen und Militärparaden. Spätestens seit der Beisetzung von Wladimir Iljitsch Lenin 1930 im eigens für ihn errichteten Mausoleum ❻ hat der Platz eine hohe ideologische und emotionale Bedeutung. Anders als vermutet, befindet sich der Eingang zum Kreml nicht hinter dem Mausoleum, sondern im Alexander-Garten. 1945 fand hier die Sie-

In der Nikolskaja Uliza [E4] hängen neuerdings glitzernde Schmetterlinge

gesparade anlässlich des gewonnenen Zweiten Weltkriegs statt. Fahnen und Standarten der deutschen Wehrmacht wurden vor der Kremlmauer auf das Pflaster geworfen. 1968 wurde hier Jurij Gagarin als erster Kosmonaut im All gefeiert. Auch der 60. Jahrestag der Oktoberrevolution wurde 1977 auf dem Platz mit einem großen Fest begangen.

Unter Breschnjew wurden die **Militärparaden** zu einem leeren Ritual, aus den Lautsprechern tönten aufgezeichnete Hurra-Rufe.

Im Mai 1987, als der Kalte Krieg noch in vollem Gange war, landete ein deutscher Amateurflieger namens **Matthias Rust** mit einer Cessna mitten im Feierabendverkehr auf der Bolschoj-Moskworetzkij-Brücke. Rust war, wie er später in einem Interview sagte, „auf der Suche nach der Quelle des Friedens", den es seiner Meinung nach „nur noch in der Sowjetunion" gab.

Erstmals seit 1991 waren zur Siegesparade am 9. Mai 2009 auf dem Roten Platz wieder Panzer und schweres Kriegsgerät zu sehen. Jedes Jahr gibt es ein rauschendes Feuerwerk an Silvester, am Tag des Sieges (9. Mai) und am Unabhängigkeitstag (12. Juni).

❯ Красная площадь (Krasnaja Pl.), Metro: Ochotnyj Rjad

❺ GUM ★★★ [E4]

Als optisches Gegengewicht zum Kreml wurde 1888 auf der linken Seite des Roten Platzes das größte „Kaufhaus" Russlands von Alexander Pomeranzew entworfen. Der gigantische Bau mit den drei riesigen Arkadengängen in neo-altrussischem Stil wurde 1893 fertiggestellt und ist ein architektonisches Meisterwerk.

Kioske gab es an dieser Stelle sogar schon 1825. Der neue, raffiniert konstruierte Sandsteinbau diente bis zur Revolution als Waffenlager und Verwaltungsgebäude. 1921 wurde das „**Kaufhaus**" verstaatlicht, unter dem 250 Meter langen Glasdach zogen nach und nach mondäne Geschäfte ein. Das russische Harrods mit seinen fast 1000 Läden erfreute sich schon damals großer Beliebtheit. Als 1952 im obersten Stockwerk ein Bekleidungsgeschäft für die Parteielite seine Pforten öffnete, brach für die überdachte, bahnhofsähnliche Markthalle eine neue Zeit an. Im GUM gab es plötzlich all die Gebrauchsarti-

◁ *Das GUM ist noch heute eines der größten Warenhäuser Europas*

Roter Platz und Kitaj-Gorod

KLEINE PAUSE

Wohlfühlort GUM

Trotz der spektakulären Lage ist das architektonisch einzigartige GUM ❺ keine Touristenfalle. Selbst im **Bosco Café** (s. S. 68) ist das Preis-Leistungs-Verhältnis in Ordnung. Die Souvenirs sind nicht überteuert (Russian Gift, Gastronom 1, Bosco Sports), ein **Retrokino** lockt mit „Butterbrody" (Sandwiches) Cineasten an und im 3. Stock trifft man vor allem Einheimische. Dort gibt es lauschige Cafés und in der **Stolowaja 57** sehr leckeres Sowjetkantinenessen für wenig Geld.

kel des täglichen Lebens zu kaufen, die zu Sowjetzeiten absolute Mangelware waren. Für Toilettenpapier, Tampons, Kinderbekleidung und Schnürsenkel bildeten sich lange Schlangen. Die Tristesse vergangener Zeiten kann man sich heute kaum mehr vorstellen. Im dritten Stock haben preisgünstige Kantinen im Sowjetstil, ein Kino und ein „Fudkort" eröffnet. Im Untergeschoss gibt es eine „historische Toilette".

Die **Cafés und Restaurants** im dritten Stock des GUM bieten köstliche Kleinigkeiten für wenig Geld und eine fantastische Aussicht.

› ГУМ (GUM), Krasnaja Pl. 3, Metro: Ochotnyj Rjad, Ploschtschad Rewoluzii, www.gum.ru, Tel. 7884343, Mo.–So. 10–22 Uhr

❻ Lenin-Mausoleum ★★ [E4]

In diesem Mausoleum kann man die wohl berühmteste Leiche der Welt bestaunen. Die Mystik des Ortes ist dabei weitaus interessanter als der Leichnam selbst. Der konstruktivistische rot-schwarze Kubusbau von Alexej Schtschussew ist vor dem inneren Auge jedes Moskau-Reisenden genau so präsent wie der Kreml ⓭ und die Basilius-Kathedrale ❼. Vor allem aber ist das Mausoleum ein **architektonischer Geniestreich**. Nach Lenins Tod war an dieser Stelle 1924 zunächst ein Holzbau errichtet worden. Nach der Einbalsamierung des Revolutionärs wurde schließlich eine Stufenpyramide aus dunkelrotem Granit mit einem schwarz abgesetzten Trauerflor aus Labradorit entworfen, auf der in großen Lettern der Name Lenin zu lesen ist. Unter dem Schriftzug befindet sich der Eingang. Die schwarzen Stufen führen in die mit schwarzem Labrador und roten Flammenintarsien ausgekleidete **Grabkammer** mit dem gläsernen Sarkophag in der Mitte. In einem dunklen Anzug liegt der etwas wächsern wirkende Lenin hinter Glas. Im Zweiten Weltkrieg war der „Messias der atheistischen Sowjetideologie" aus Sicherheitsgründen kurzzeitig nach Tjumen in Sibirien verbracht worden. Von 1953 bis 1961 bekam er Besuch von **Stalins Leichnam**. Der Lenin-Kult war ja von Stalin initiiert worden. Im Zuge der beginnenden „Entstalinisierung" unter Regierungschef Nikita Chrusctschow wurde der Leichnam des Diktators 1961 aus dem Mausoleum entfernt. Stalins Grab an der **Kremlmauer** hinter dem Mausoleum, wo viele große russische Politiker sowie Jurij Gagarin und Felix Dserschinskij beigesetzt sind, passiert man beim Verlassen der Anlage – und nur dann. Dieser Teil hinter dem Mausoleum ist durch eine Tannenreihe vom Roten Platz abgetrennt und nur bei einem Besuch der Grabstätte zugänglich.

Es hat sich mittlerweile einiges geändert: Jurij Luschkow, der frühere Moskauer Bürgermeister, hatte die

Idee, ein Privatunternehmen (Ritual Service) zu gründen, um dem Mausoleumslabor Einbalsamierungsaufträge von „Neureichen" zu beschaffen. Der russische Staat muss immerhin jährlich eine Million Euro für Lenins Konservierung aufbringen. Und doch sagte Wladimir Putin während seiner ersten Präsidentschaft, er hielte es für „das falsche Zeichen", Lenin aus dem Mausoleum zu entfernen. Denen, die Lenin heute noch verehren, würde sonst „das Gefühl gegeben, an die falsche Sache geglaubt zu haben".

› Мавзолей Ленина (Mawsolej Lenina), Krasnaja Pl., Metro: Ochotnyj Rjad, www.lenin.ru (mit virtuellem Besuch!), Tel. 6235527, Di. Do., Sa. 10–13 Uhr, Fotoapparat und Taschen muss man nach dem Passieren der Absperrung oder unten im Historischen Museum deponieren. Gegen einen Aufpreis kann man sich auch von einem privaten „Fremdenführer" an der Schlange vorbeilotsen lassen. Sprechen und Kopfbedeckung verboten. Alle 18 Monate wird der Schrein für sechs Wochen geschlossen, damit Lenin „aufgefrischt" werden kann.

❼ Basilius-Kathedrale ★★★ [E5]

„Wie der Turmbau zu Babel baut sich die Kirche vielstufig auf und gipfelt schließlich in einer riesigen, gezackten, in allen Regenbogenfarben schillernden Blüte" (Michail Lermontow). Kein Foto vermag die opulente, orientalische Schönheit der farbenprächtigen Basilius-Kathedrale originalgetreu wiederzugeben. Aus der Ferne wirkt die als Schlüssel zur kryptischen, vielfarbigen russischen Seele geltende Basilius-Kathedrale fremdartiger und eindrucksvoller als aus der Nähe.

Die **Geschichte** der Kathedrale reicht bis in das 16. Jh. zurück, als Iwan der Große nach der Eroberung von Kasan 1552 befahl, auf dem Roten Platz ❹ eine (neue) Kathedrale errichten zu lassen. Sie sollte an die orthodoxe Tradition von Byzanz anknüpfen und Moskaus Rolle als Keimzelle eines religiösen Kreuzzuges gegen die „ungläubigen" Tataren hervorheben. Moskau sollte das „Dritte Rom" werden und die Kathedrale sollte der steinerne Beweis dafür sein. In nur fünf Jahren Bauzeit schufen die angeblich von Gott geschickten Bauherren Postnik und Barma zwischen 1555 und 1560 die „steinerne Blume" auf einem kreuzförmigen **Grundriss**. Vier kleine Kapitele auf achteckigen Türmen gruppieren sich an den Endpunkten des Kreuzes um die in der Mitte befindliche Turmkirche. 1588 kam die kleine Kapelle hinzu, in der der heilige **Basilius** begraben wurde. Basilius galt als Narr, hatte aber prophetische Fähigkeiten und konnte damit seine Glaubwürdigkeit unter Beweis stellen. Die **orientalische Opulenz**, die Galerien und das Zeltdach erhielt die Kathedrale erst im 17. Jh. Bis dahin war sie weiß und hatte goldene Kuppeln. 1812 wollte Napoleon das imposante Bauwerk mit den unrussischen neun Kuppeln mit nach Paris nehmen, weil es ihm so gut gefiel. Da sich die Kathedrale als zu sperrig erwies, wollte er sie sprengen lassen, aber starker Regen machte das Unterfangen unmöglich. Stefan Zweig beschrieb Moskaus wohl bekannteste Kathedrale als „Wunderbau ohnegleichen, morgenländisch phantastisch, abendländisch architektural, die kühnste Vermählung byzantinischer, italienischer, urrussischer und manchmal auch buddhistisch-pagodischer For-

Roter Platz und Kitaj-Gorod

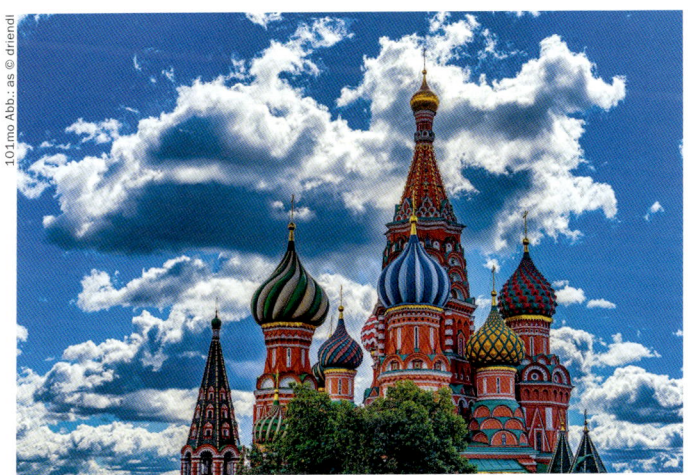

men. Sie ist das **kostbarste Kleinod der Stadt** und nichts rühmt sie mehr als die finstere Legende, dass Iwan der Schreckliche dem Baumeister zum Dank für seine Meisterschaft die Augen ausstechen ließ, damit er keine zweite ähnliche Kirche in der Welt bauen könnte."

Die Basilius-Kathedrale ist für westliche Besucher das endgültige Symbol Russlands, auch wenn Le Corbusier sie als das „Teufelswerk eines beschwipsten Konditors" verunglimpfte.

Aber selbst Stalin hatte so große Ehrfurcht vor ihr, dass er sie, obwohl sie bei den Militärparaden auf dem Roten Platz ❹ störte, an Ort und Stelle beließ. Rechts neben der Kathedrale liegt die offizielle Haupteinfahrt zum Kreml ⓭, der Erlöser-Torturm mit der genauesten Uhr Russlands.

› Собор Василия Блаженного (Sobor Wassilija Blaschennowo), Krasnaja Pl., Metro: Ochotnyj Rjad, Kitaj-Gorod, https://shm.ru, Tel. 6983304, tägl. 11–18, Nov.–April und Juni–Sept. bis 17 Uhr, Eintritt: 10 €

❽ Alter Englischer Hof ★★ [F5]

Die erste Botschaft in Moskau ist eines der ältesten erhaltenen Gebäude der Stadt. Englische Kaufleute hatten 1553 einen Seeweg nach Indien gesucht und waren in Russland gelandet. In Archangelsk erlitten sie Schiffbruch und wurden zum Hof Iwans des Schrecklichen gebracht. Er überließ ihnen großzügigerweise das Gebäude direkt neben dem Kreml, anstatt sie zu verhaften. Seitdem bestehen zwischen England und Russland diplomatische Beziehungen, die in dem Museum dokumentiert werden.

› Старый английский двор (Staryj anglijskij dwor), Di., Mi., So. 10–18, Do. 11–21, Fr./Sa. 10–20 Uhr

◸ *Einst waren die Kuppeln der Basilius-Kathedrale* ❼ *vergoldet*

> **EXTRATIPP**
>
> **Sarjadje-Park [F5]
> mit vier Klimazonen**
> Hinter der berühmten Basilius-Kathedrale ❼ ist ein gigantischer, mit diversen Preisen ausgezeichneter Stadtpark des New Yorker Architekturbüros DS&R mit schwebender Brücke, Amphitheater, Medienzentrum (Kino), Museum, Eishöhle und Lokal entstanden, der ganz neue Perspektiven auf die Stadt und den Kreml ermöglicht. Von dort aus gesehen steht die Basilius-Kathedrale im Wald ...
> - 1 [F5] **Sarjadje-Park**, Ul. Warwarka Domowladenie, Metro: Ochotnyj Rjad, www.zaryadyepark.ru, tägl. 24 Std. geöffnet, Pavillons Mo. 14–20, Di.–So. 10–20 Uhr

❾ Palast der Bojaren Romanow ★ [F5]

Der zum **Snamenskij-Kloster** gehörende, märchenhaft verschnörkelte Palast bildete im 16. Jh. das steinerne Zentrum einer kleinen **Holzsiedlung namens Sarjadje**, die sich von der Warwarka Ul. bis zur Moskwa erstreckte. Nikita Romanow (Schwiegersohn von Iwan dem Schrecklichen) ließ den Palast bauen und residierte dort mit seiner Familie. Als Michail Romanow 1613 zum Zaren gewählt wurde, zog die Familie in den Kreml.

› Палаты Романовых (Palaty Romanowych), Ul. Warwarka 10, Metro: Kitaj-Gorod, www.shm.ru, Tel. 6981256, tägl. 10–18 Uhr

❿ Epiphanienkloster ★★ [E4]

Das scharlachrote Epiphanienkloster in der Bogojawlinskij Per. wurde von Fürst Daniil bereits im 13. Jh. gegründet und ist damit nach dem Danilow-Kloster das zweitälteste Kloster in Moskau. Der mit Mosaiken verzierte, himbeerfarbene Glockenturm der unwirklich schönen Kathedrale ist erst 1690 hinzugekommen und ein rares Meisterwerk des Moskauer Barock.

› Богоявлинский монастырь (Bogojawlinskij Monastyr), Bogojawlinskij Per. 2/4, Metro: Ploschtschad Rewoluzii, tägl. 8–20 Uhr

⓫ Revolutionsplatz ★ [E4]

Das bis 1918 Woskresenskaja und nach mehreren an diesem Ort stattfindenden Aufständen der Bolschewiken in **Revolutionsplatz** umbenannte Areal mit dem früheren Lenin-Museum, in dessen Hallen jetzt eine Dauerausstellung zum Ersten Weltkrieg eingezogen ist, wird auf der nördlichen Seite von einem **Karl-Marx-Denkmal** begrenzt. Rechts daneben befindet sich das legendäre **Jugendstilhotel Metropol** (s. S. 39), das häufig als Filmkulisse diente. Auf dem Platz selbst ist der **konstruktivistische Metroeingang** der gleichnamigen Station Ploschtschad Rewoluzii unübersehbar.

› Площадь Революции (Ploschtschad Rewoluzii)

⓬ Bolschoj-Theater ★★★ [E3]

Das „Bolschoj" auf der anderen Seite des Revolutionsplatzes gilt noch heute als eines der schönsten Theater der Welt und erlebte in seiner wechselvollen Geschichte unzählige Höhepunkte. Es wurde 1776 erbaut und hieß zunächst Petrowskij-Theater, da die Hauptfassade zur Petrowka-Straße hin lag.

1805 brannte das Gebäude ab. An seiner Stelle entstand 1825 nach Plänen von Ossip Bove ein noch pompö-

seres Theater, das ebenfalls schon die **Quadriga** von Pjotr Klodt schmückte. Sie stellt Apoll im Sonnenwagen dar, mit dem der griechische Gott der Musen und des Lichts die Sonne ans Firmament zieht. 1853 fiel auch dieses Theater einem Brand zum Opfer.

1856 entstand schließlich das **Bolschoj-Theater** (bolschoj heißt groß) nach altem klassizistischen Entwurf mit knapp 2500 Sitzplätzen. Zunächst wurden Komödien und komische Opern, später dann **Konzerte** aufgeführt. Arthur Rubinstein, Pjotr Tschaikowsky und Sergej Rachmaninow, aber auch internationale Künstler gaben hier Konzerte. Richard Wagner überraschte 1863 das Moskauer Publikum mit einer gänzlich neuen Art des Dirigierens, indem er den Musikern den Rücken zudrehte und das Orchester quasi blind dirigierte. 1925 fand hier die Premiere von Ejsenstejns „Panzerkreuzer Potjomkin" statt. Um sich von der europäischen Tradition der Klassik abzusetzen,

▱ *Eine Mischung aus Wien, Berlin und Warschau prägt die Straßenzüge um das Bolschoj-Theater*

Kinderwelt

Die Straße zwischen Bolschoj-Theater ⑫ und Hotel Metropol (s. S. 39) führt direkt zur Lubjanka, dem Sitz des FSB (Föderalen Sicherheitsdienstes) ... und zum **größten Kinderkaufhaus der Welt**. Das **Centralnyj Detskij Magasin (CDM)**, früher Detskij Mir („Kinderwelt"), wurde acht Jahre lang renoviert. Dabei durfte das Ursprungsgebäude von Alexej Dushkin aus dem Jahr 1957 nur entkernt und aufgestockt, aber nicht abgerissen werden. Schon zu Sowjetzeiten war dieses Kinderparadies sogar hinter dem Eisernen Vorhang bekannt. Auch wenn überall der Mangel regierte, in der „Kinderwelt" in Moskau waren die Regale voll ... und mittendrin thronte gar ein Kinderkarussell. Der Konsumtempel von einst ist auch heute ein Shopping-Eldorado, aber eben noch viel mehr: Spielzeugmuseum, Kino, Eisenbahn, Aussichtsplattform, Foodcourt, Mitmachmuseum, Buchhandlung, Vergnügungspark Kidburg – hier ist was los. Auf einer eigenen Etage des Hamley Stores sind ausschließlich Spielwaren, Bücher und Stofftiere russischer bzw. sowjetischer Produktion zu sehen, die sich wunderbar als Souvenirs eignen. Der heimliche Höhepunkt aber ist der Lego-Kreml!

🔒2 [E3] **CDM (Centralnyj Detskij Magasin)**, Teatralny-Passage 5, Metro: Lubyanka, geöffnet: tägl. 10–22 Uhr, https://cdm-moscow.ru

KURZ & KNAPP

Das klassische russische Ballett

Ballett ist in Russland ein nationales Heiligtum und neben Wodka und Kalaschnikows der russische Exportartikel schlechthin. Das Bolschoj-Theater ⓬ hat seinen Ruhm der klassischen Schule des russischen Balletts zu verdanken, deren Gründer allerdings ein in Russland lebender französischer Choreograf namens Marius Petipa war. Um 1900 verkörperte das Ballett auf eine neue Weise die Totalität aus Musik, Bewegung, Bühnenbild, Pantomime und Skulptur, die Summe aller Künste. Zu Sowjetzeiten gelangte die Aufführung „Schwanensee" zu trauriger Berühmtheit. Sie lief als Aufzeichnung im Fernsehen, wenn die Regierung eine Nachrichtensperre verhängt hatte, so auch im August 1991, als Gorbatschow gestürzt worden war. Mit der Wiedereröffnung des Bolschoj-Theaters begann eine Verjüngungskur. Die Inszenierungen kann man sich jetzt unter www.youtube.com/bolshoi sogar im Internet ansehen.

spezialisierten sich die Russen in den 1920er- und 1930er-Jahren schließlich auf das Ballett und machten das Bolschoj-Theater zu einer der besten **Ballettbühnen** der Welt.

Von 2005 bis 2011 wurde der Bau von Grund auf saniert. Im Zuge der Umbauarbeiten wurden Hammer und Sichel in der Giebelkartusche durch den Zarenadler ersetzt. Die UNESCO verlieh Bestnoten, nicht zuletzt wegen der Technik, mit der der gesamte Bau auf ein neues Fundament gehievt wurde. Ein Wunderwerk aus Blattgold, Lüstern und himbeerrotem Samt – *unikalno* („einzigartig").

In Russland gehen schon Sechzehnjährige ins Ballett, die größte Gruppe aber sind gebildete Frauen ab 25. Als Opernliebhaber sollte man sich eine **russische Oper** ansehen, wie etwa „Pique Dame" oder „Godunow" oder aber eine Satire wie „Lady Macbeth von Mzensk" von dem jungen Wilden Kirill Serebrennikow.

› Большой театр (Bolschoj-Theater), Teatralnaja Pl. 1, Metro: Teatralnaja, Ploschtschad Rewoluzii, www.bolshoi.ru, Tel. 4555555, im August geschlossen, Kasse tägl. 11–20 Uhr (Pause 15–16 Uhr). Karten auch online bis zu drei Monate im Voraus, Tickets ab 30 € (günstiger an der Kasse).

⓭ Der Kreml ★★★ [E5]

Das Epizentrum Moskaus ist ein 28 Hektar großes Areal und immer noch das Machtzentrum der Russischen Föderation, auch wenn der Präsident hier nicht mehr wohnt.

„Nichts ist über Moskau als der Kreml und über dem Kreml ist nichts als der Himmel." (altes russisches Sprichwort). Jahrhundertelang war der Kreml das geistliche und weltliche Zentrum des Landes und Keimzelle der Stadt Moskau. Die mystische Festung symbolisierte Moskaus Aufstieg. Der Kreml war Zarensitz, Herz der russisch-orthodoxen Kirche, Residenz der Romanow-Dynastie und Schaltzentrale des Weltkommunismus, „der gordische Knoten der russischen Seele" (Erich Klein).

Der Moskauer Kreml ist Zeuge von Ereignissen vieler Jahrhunderte und „das Zentrum Moskaus, des

Durch den Kutawja-Turm rechts gelangt man auf das Kreml-Areal

Der Kreml

Landes, der Welt." (Lew Rubinstein). 1156 erbaut Fürst Jurij Dolgorukij auf der Höhe des heutigen Borowizkaja-Turms den **ersten hölzernen Kreml**, der fortan Residenz eines kleinen Fürstentums ist. Das Wort „Kreml" leitet sich von dem griechischen Wort *kremnos* für „Anhöhe" oder „Festung" ab. 1325 zieht der Metropolit von Wladimir in den Kreml von Moskau. Im Auftrag des Großfürsten Dmitrij wird 1367 der erste Kreml mit Kirchen und Verwaltungsgebäuden aus Kalkstein mit einer Schutzmauer errichtet, der 1444 niederbrennt. Erst 1475 lässt Iwan III. den Kreml neu bauen, die witterungs- und brandanfälligen Kalksteinbauten werden durch **Backsteingebäude** ersetzt. Im 15. Jh. ist Moskau bereits Metropole der vereinten russischen Fürstentümer. Der Kreml wird zusätzlich Zentrum der russisch-orthodoxen Kirche. 1571 verwüsten **Krimtataren** die Stadt. 1610 besetzen polnische und litauische Truppen das Areal. Anfang des 17. Jh. wird aus der reinen Festung im Rahmen des Wiederaufbaus eine **Repräsentationsanlage der Romanow-Dynastie**. Seit dem Ende des 17. Jh. zieren dekorative Elemente und Zeltdächer die Türme.

1712 verlegt Peter der Große die **Hauptstadt nach St. Petersburg**, der Kreml verliert an Bedeutung. 1773 baut Katharina die Große den Kreml um, auch der **Senatspalast** geht auf ihr Engagement zurück. 1806 wandelt Zar Alexander I. das Kreml-Ensemble per Beschluss in ein Museum um. 1812 will Napoleon den Kreml sprengen. Da die noch verbliebene Bevölkerung rechtzeitig eingreift, fallen aber nur einige wenige Gebäude der Sprengung zum Opfer. 1849 wird der **Große Kremlpalast** gebaut. Als Lenin 1918 die **Hauptstadt erneut nach Moskau** verlegt, erlebt der Kreml eine Renaissance. Unter Stalin ist er 30 Jahre lang Russlands „Verbotene Stadt" und wird erst 1955 wieder **der Öffentlichkeit zugänglich** gemacht. Heute zählt der Kreml ca. 2 Millionen Besucher pro Jahr. Die Präsidialverwaltung ist auch heute noch der Arbeitsplatz des russischen Präsidenten. Die Staatsduma befindet sich nicht im Kreml.

Seit 1990 ist die „größte mittelalterliche Festung der Welt" mit der einzigartigen Farbgebung aus Habsburgergelb, Blütenweiß und Scharlachrot **UNESCO-Weltkulturerbe**. Bill Clinton konnte bei einem Staatsbesuch 2000 in Moskau nicht glauben, dass der Kreml echt und „nicht aus Plastik" ist. Vor Zeugen soll er gesagt haben: „Und dieses Volk will von uns Kredite?"

Der Kreml

Kreml

1 cm = 85 m   0 — 200 m
© REISE KNOW-HOW 2020

Map labels:
Manegenplatz · Ochotnyj Rjad · Arsenal-Turm · Historisches Museum · Grabmal des Unbekannten Soldaten · Nikolskaja-Turm · **Roter Platz ❹** (Krasnaja Ploschtschad) · GUM ❺ · Lenin-Mausoleum ❻ · Richtplatz (Lobnoje Mesto) · Alexander-Garten · Waffen-Arsenal · Senats-Turm · Senat · Erlöser-Torturm · Kutawja-Turm · Dreifaltigkeits-Turm · Senatskaja Pl. · Präsidialverwaltung · Basilius-Kathedrale ❼ · Troizkaja Ul. · Patriarchenpalast 12-Apostel-Kirche ❶⓻ · Iwanowskaja Pl. · Kremlpalast (früher Kongresspalast) ⓮ · Gewandniederlegungskirche · Maria-Himmelfahrts-Kathedrale ⓲ · Glockenturm ⓯ · Iwan der Große · Große Glocke · Beklemoschewskaja-Turm · Kassenhäuschen · Dworzowaja Ul. · Alexander-Garten · Terempalast · Facettenpalast · Sobornaja Pl. · Erzengel-Kathedrale ⓰ · Petrowskaja-Turm · Rüstkammer mit Diamantenfonds ㉑ ㉒ · Großer Kremlpalast ⓴ · Mariä-Verkündigungs-Kathedrale ⓳ · Tajnizkij-Garten · Tajnizkij-Turm · Besymjannaja-Turm · 2-ja Besymjannaja-Turm · Borowizkaja-Turm · Blagoweschtschenskaja-Turm · Borowizkaja Pl. · Wodowswodnaja-Turm

› Кремль (Kreml), Metro: Alexandrowskij Sad, Biblioteka imeni Lenina, Haupteingang und Kassen sind nicht auf dem Roten Platz, sondern rechts neben dem Kutawja-Turm im Alexandergarten, www.kreml.ru (mit virtueller Tour), Tel. 6953776, Mitte Mai–Sept. Fr.–Mi. 9.30–18, Okt.–Mitte Mai Fr.–Mi. 10–17 Uhr (Kasse im Sommer 9–17, im Winter 9.30–16 Uhr). **Achtung:** Jede Kasse verkauft andere Tickets. Mit dem Ticket für die Kathedralen hat man Zugang zum gesamten Areal inklusive Kirchen (10 €), aber ohne Rüstkammer, Diamantenfonds und Glockenturm. Tickets für Rüstkammer und Diamantenfonds (13 €) sowie Glockenturm (5 €) gibt es jeweils an einer anderen Kasse. Am besten kauft man diese online zwei Wochen im Voraus, da das tägl. Kontingent begrenzt ist. Diese Tickets müssen jedoch ebenfalls an einer der Kassen abgeholt werden. Zugang Rüstkammer über den Borowitzkaja-Turm, sonst Kutawja-Turm.

⓮ Kremlpalast ★ [E5]

Am Kutawja-Eingang geht es nach der Sicherheitskontrolle über die Brücke durch den Dreifaltigkeitsturm in das Innere des **russischen Fort Knox**, das sich der Besucher zunächst meist anders vorgestellt hat. Auf der rechten Seite sticht als Erstes der nicht eben schöne, graue Kongresspalast aus den 1960er-Jahren ins Auge. Die ästhetisch fragwürdige Hinterlassenschaft von Nikita Chruschtschow fällt aus dem Rahmen, obwohl der 120 Meter lange Glaskubus des ehemaligen Kongresspalastes 15 Meter in die Erde gesenkt wurde. Aus den Fernsehübertragungen zu Sowjetzeiten erinnert man sich noch an Bilder von den Parteikongressen in dem kühlen, schmucklosen 1960er-Jahre-Ambiente mit 6000 Sitzplätzen und einem Monumentalbildnis Lenins hinter dem Podium.
› Кремлёвский Дворец
(Kremljowskij Dworez)

⓯ Glockenturm Iwan der Große ★★★ [E5]

Der in die Höhe aufstrebende weiße Glockenturm bildet die Kompositionsachse des gesamten Kremlensembles und vereint alle Gebäude zu einem Ganzen. Der 81 Meter hohe Turm wurde von einem Italiener namens Bon Frjazin 1508 errichtet und im Jahr 1600 um 21 Meter aufgestockt.

1532 wurde an der Nordseite nach Nowgoroder Vorbild ein vierstufiger Glockenstuhl für große Glocken angebaut. Den Anbau mit dem Zeltdach gab Patriarch Filaret 1642 in Auftrag. Der Turm hat heute 21 **Glocken**, die größte, die Uspenskij-Glocke, wiegt 70 Tonnen. Sie schlug beim Tod des Zaren dreimal. Der mehrstufige **Turmschaft** besteht aus drei hohen, übereinander gestellten Oktogonen (Achtecken), von denen jeder im jeweils oberen Teil eine offene Terrasse und in den Bogenöffnungen eine Galerie mit Glocken besitzt. Darüber erhebt sich ein zylinderförmiger Kuppelunterbau mit schmalen Seitenfenstern. Den Turmschaft schließt eine zwiebelförmige **Kuppel** mit vergoldeten Kupferplatten ab.

Am Fuß des Glockenturms steht auf einem steinernen Postament ein Wunder der Gießkunst aus dem 18. Jh.: die mit 200 Tonnen gewichtigste und **größte Glocke der Welt**. Das Original bekam während der Feuersbrunst 1737 noch in der Gussform wegen der ungleichmäßigen Erhitzung Risse. Als die noch heiße Glocke mit kaltem Wasser übergossen wurde, löste sich das heute an ihrer Seite liegende, 11,5 Tonnen schwere Stück. Der Philosoph Pjotr Tschaadajew sah in der Glocke, „die nicht läuten kann", sowie in der unweit stehenden Kanone, „aus der man nicht schießen kann", ein Sinnbild für die Absurdität und Sprachlosigkeit Russlands.

Die 1586 aus Bronze gegossene **Zarenkanone** wiegt 40 Tonnen. Sie wurde zwar von Leo Tolstoj in dem Epos „Krieg und Frieden" verewigt, aber ein Schuss wurde aus ihr nie abgefeuert.

Vom Glockenturm aus erlebt man das, was der romantische Dichter Michail Lermontow, der zweitwichtigste seiner Zunft nach Alexander Puschkin, 1814 allen Besuchern gewünscht hatte: „eine Aussichtsterrasse, von der aus man sich wie der Herrscher über diese außerirdische Welt" fühlen darf. Der Ausblick ist fantastisch.

› Колокольня Ивана Великово (Kolokolnja Iwana Welikowo), http://ivan-the-great-bell-tower.kreml.ru, Tel. 6970349, Einlass zum Aufstieg (137 Stufen) tägl. außer Do. um 10, 11.15, 13.30, 14.45 und 15.45 Uhr, Tickets ca. 8 € (an der Hauptkasse erhältlich)

⓰ Erzengel-Kathedrale ★★★ [E5]

Die Erzengel-Kathedrale wurde 1508 fertiggestellt und ist ein außerordentlich reiches Geschichts- und Kunstmuseum.

Die **Architektur** wiederholt in ihren Grundzügen das traditionelle Kompositionsschema aus fünf Kuppeln und in einzelne Flächen gegliederte Mauern. In der Außengestaltung bediente sich der Baumeister einiger Motive der venezianischen Renaissance wie etwa Fabeltiere, Pilaster und Kandelaber. Über dem Portal befindet sich eine Loggia. Das beengte **Innere** mit den Pfeilern im kreuzförmigen Querschnitt ist typisch für altrussische Kirchen. Die im 18./19. Jh. vorgenommenen Umbauten haben dazu geführt, dass die jüngste Kreml-Kathedrale heute etwas düster wirkt. Die ersten Fresken aus dem 16. Jh. sind nicht erhalten geblieben, die farbenprächtige Bemalung russischer Maler um Semjon Uschakow aus dem 17. Jh. ist jedoch heute noch zu sehen. Einige Sujets zeigen Szenen der Wundertaten des Erzengels Michael, der als Beschützer der russischen Fürsten in Kriegszeiten galt.

Die Erzengel-Kathedrale war drei Jahrhunderte lang die letzte **Ruhestätte der Moskauer Fürsten, Zaren und Kaiser**. Als 1712 die Hauptstadt nach St. Petersburg verlegt wurde, wurden die Zaren dort beigesetzt. Iwan Kalita, Iwan III. und Iwan IV. sind hier bestattet. Insgesamt beher-

◸ *Der Glockenturm Iwan der Große* ⓯*, die Erzengel-Kathedrale* ⓰ *und die Mariä-Himmelfahrtskathedrale* ⓲ *säumen den Kathedralenplatz*

bergt die Kathedrale 46 fürstliche Sarkophage, die 1903 um Bronzeplatten ergänzt wurden, über denen die lebensgroßen stilisierten Bildnisse der Verstorbenen zu sehen sind. Das Fresko in der **Hauptkuppel** stellt die Dreifaltigkeit mit Vater, Sohn und dem Heiligen Geist in Form einer Taube zwischen den beiden dar. Der Ikonostas stammt aus dem Jahr 1681.
› Архангельский собор (Archangelskij sobor)

⓱ Zwölf-Apostel-Kirche und Patriarchenpalast ★★ [E5]

Der 1656 fertiggestellte Patriarchenpalast mit dem Kreuzgemach, den Wohngemächern des Patriarchen und der im selben Gebäude untergebrachten Zwölf-Apostel-Kirche steht auf dem Grundstück, das die Metropoliten schon zu Beginn des 14. Jh. für den Bau ihre Hofes erhalten hatten. Im 16. Jh. übernahm der Patriarch für die Metropoliten die Rolle des Kirchenoberhauptes der russisch-orthodoxen Kirche. Der mit kleinen, vergitterten Fenstern versehene Baukomplex des Patriarchenpalastes mit der auf einem hohen Sockel ruhenden Zwölf-Apostel-Kirche ist für das damalige Moskau typisch. Die **Kreuzkuppelkirche** mit ihren fünf Kuppeln weist ein Dekor aus Bögen auf, die einen Gürtel bilden.

Im Innenraum sieht man einen geschnitzten **Ikonostas** aus Holz aus dem frühen 18. Jh., der aus einem der 1929 unter Stalin zerstörten Klöster stammt. Im Kreuzgemach stellten die Mönche Salböl her und benutzten dazu den noch verbliebenen Ofen. Die **Gemächer des Patriarchen** mit Esszimmer, Schlafzimmer, Arbeitszimmer und Kassenraum befinden sich im zweiten Stock, die **Zwölf-Apostel-Hauskirche** im dritten. Der 1655 errichtete, fast 300 m² große Festsaal war der prächtigste und größte seiner Art in Russland.
› Церковь Двенадцати апостолов и Патриарший дворец (Zerkow Dwenadzati apostolow i Patriarschij dworez)

⓲ Mariä-Himmelfahrts-kathedrale ★★★ [E5]

Die Krönungskirche aller Zaren mit ihrer gelungenen Stilkombination aus altrussischer Baukunst und italienischer Renaissance sollte man sich unbedingt auch von innen ansehen. Sie ist die bedeutendste Kathedrale Moskaus und die größte im Kreml.

Fünf massiv vergoldete **Kuppeln**, eine große Haupt- und vier Nebenkuppeln, zieren den majestätischen Bau, die Türme haben Fenster, durch die Licht ins Innere dringen kann. Die **Mauern** der Kathedrale wurden in der Zeit von 1475 bis 1479 aus weißem Stein errichtet, das Gewölbe und der Unterbau der Kuppeln aus Ziegeln. Feierliche Portale, die in die dicken Mauern eingeschnitten sind, umsäumen die Eingänge.

Beeindruckend wirkt auch das **Innere** der Kathedrale, das man leider nicht fotografieren darf. Im Unterschied zu den kleinen, engen Kirchen, wie sie in Moskau im 14. Jh. üblich waren, findet sich hier ein hoher, weitläufiger Saal mit sechs Rundpfeilern, auf denen das leichte Gewölbe ruht. Sämtliche Oberhäupter der russisch-orthodoxen Kirche bis zum 17. Jh. wurden hier begraben. Die teppichartige **Wandbemalung** der wichtigsten Kirche der „Rus" vom Ende des 15. Jh. wurde von dem als äußerst begabt angesehenen russischen Maler Dionissij ausgeführt und blieb erhalten. Die Figuren in den Fresken atmen moralische Reinheit und Edelmut, sie wirken fein und feierlich. Das Mittelschiff mit seinen beeindruckenden Leuchtern ist durch einen 16 Meter hohen **Ikonostas** aus dem Jahre 1652 abgegrenzt. 1812 sattelten Napoleon Bonapartes Soldaten hier ihre Pferde und verfeuerten einige Ikonen als Brennholz. 1918 ließ die neue Regierung die Kathedrale schließen, sie wurde erst 1989 der orthodoxen Kirche zurückgegeben.

Am Ausgang rechts liegt der nicht zu besichtigende, aber auffallend schöne **Facettenpalast**, der 1491 von italienischen Baumeistern fertiggestellt wurde. Der 500 m² große Festsaal, dessen Originalausstattung nicht erhalten ist, diente noch bis in die 1990er-Jahre als Kulisse für Staatsbankette. Das weiße Kleinod nebenan ist die **Gewandniederlegungs-Kirche**. Sie war die Hauskapelle der Metropoliten und wurde 1484 erbaut. Die Wandmalereien und der Ikonostas aus dem 17. Jh. sind im Original erhalten geblieben. Dem Gewand der Mutter Gottes wird nachgesagt, die Stadt vor Invasoren geschützt zu haben.

› Успенский собор (Uspenskij sobor)

⓱ **Mariä-Verkündigungskathedrale** ★★★ [E5]

Die Mariä-Verkündigungskathedrale, die Hauskirche der russischen Großfürsten, wurde bereits 1489 nach fünfjähriger Bautätigkeit von russischen Meistern aus Pskow errichtet.

Als Iwan IV. 1552 am neunten Belagerungstag Kasan eingenommen hatte, erkor er die Zahl 9 zu seiner Glückszahl und ergänzte die drei bestehenden Kuppeln der Kathedrale um sechs weitere. Viele Kathedralen erhielten seitdem **neun Kuppeln**, auch die Basilius-Kathedrale ❼, die 1560 fertiggestellt wurde. Der Kubus mit Hauptapsis und den zwei Nebenapsiden steht auf einem hohen Natursteinunterbau und war seinerzeit von einer offenen Galerie umgeben. Das Gebäude vereint verschiedene **architektonische Formen** russischer Sakralbauten.

Das **Innere** ist dunkel, aber prachtvoll. Die Empore war der Zarenfamilie vorbehalten. Die erste **Bemalung** zu Beginn des 16. Jh. erfolgte unter der Leitung von Feodossi, dem Sohn des berühmten Freskenmalers Dionissij. Von der berühmten „Muttergottes vom Don" von Feofan Grek hängt hier nurmehr eine Kopie, das Original ist in der Alten Tretjakow-Galerie ㉕ zu sehen. Der **Ikonostas** gilt als der

◁ *Die Mariä-Verkündigungskathedrale wurde von Napoleons Truppen als Kaserne genutzt*

schönste Russlands. Nach der Oktoberrevolution wurde er restauriert und erlangte auf diese Weise seinen hohen künstlerischen Wert zurück.
› Благовещенский собор
(Blagoweschtschenskij sobor)

⓴ Großer Kremlpalast ★★ [E5]

Der Große Kremlpalast von Konstantin Thon beherbergt nicht nur den 1250 m² großen festlichen **Georgssaal**, sondern neben der Rüstkammer ㉑ und dem Diamantenfonds ㉒ auch noch 700 (!) weitere Zimmer und Säle. Früher waren die prächtigen Innenräume ausschließlich im Rahmen von Staatsempfängen im Fernsehen zu sehen. Der russische Präsident hat im Gegensatz zu den Zaren keine Privaträume im Kreml-Palast. Der Große Kremlpalast bleibt **offiziellen Besuchen und Empfängen** vorbehalten.

Passiert man den Innenhof, der auf der rechten Seite den Blick auf das rote Dach des 1636 errichteten Terempalastes mit den Privatgemächern des Zaren und die elf Kuppeln freigibt, bekommt man eine Vorstellung von der Größe des vollständig renovierten Kreml-Ensembles.
› Большой Кремлёвский дворец
(Bolschoj Kremljowskij dworez)

㉑ Rüstkammer ★★★ [D5]

Die auf der Höhe des Borowizkij-Tores gelegene staatliche Rüstkammer ist eines der ältesten Museen Russlands und eines der reichsten der Welt.

Die Geschichte der „Schatzkammer" reicht ins 15. Jh. zurück, als für den Schatz der Moskauer Großfürsten ein geeignetes Gebäude errichtet werden sollte. Zu Beginn des 16. Jh. wurden hier Jagd- und Feuerwaffen hergestellt. Auch wertvolle Kunstgegenstände aus dem Ausland und Beutestücke aus berühmten Schlachten fanden hier Platz. Anfang des 19. Jh. wurde die Rüstkammer in das **Kaiserliche Palastmuseum** umgewandelt, für das 1851 von dem russischen Architekten Konstantin Thon das Gebäude errichtet wurde.

Im ersten Stock ist der Schatz von Rjasan ausgestellt, aber auch rus-

Der Große Kremlpalast wurde 1849 unter der Leitung eines deutschstämmigen Architekten erbaut

sische Gold- und Silbererzeugnisse aus dem 12. bis 17. und vom 18. bis 20. Jh. Das Prachtstück der Sammlung sind zehn goldene und silberne **Fabergé-Eier,** die der Zar in der Zeit von 1884 bis zum Ende der Romanow-Dynastie jedes Jahr als Ostergeschenke von dem Hof-Goldschmied Peter Carl Fabergé anfertigen ließ. In ihrem Inneren finden sich erstaunliche, handgefertigte Kostbarkeiten. In einem zierlichen Silberei beispielsweise kommt ein goldenes Uhrwerk in Form der Transsibirischen Eisenbahn mit einer Lokomotive aus Platin und einem winzigen roten Rubin als Scheinwerferlicht zum Vorschein.

In den anderen Sälen sind Meisterwerke der europäischen Waffenschmiedekunst des 12. bis 19. Jh. zu sehen, unter anderem die *baidana,* der Ringpanzer des Zaren Boris Godunow, sowie westeuropäische Silberwaren, Geschenke ausländischer Gesandter an die russischen Zaren und Kaiser vom 15. bis 19. Jh. In einer Vitrine ist das Sèvres-Porzellan zu sehen, das Napoleon Alexander I. schenkte. Die mit Zobel und Edelsteinen verzierte „Monomachkappe" und der mit 800 Diamanten besetzte **Thron des Romanow-Zaren Alexej I.** sind die wertvollsten Stücke dieser Sammlung. Auch zahlreiche Staatskutschen aus dem 16. bis 18. Jh. sind zu bestaunen.

❭ Оружейная палата (Oruschejnaja palata), Metro: Alexandrowskij Sad, Biblioteka imeni Lenina, www.kreml.ru, Tel. 6954146, Tickets an der Hauptkasse tägl. außer Do. 9.30–16.30 Uhr, aber ohne Garantie, besser zwei Wochen im Voraus online unter http://tickets.kreml.ru buchen, Einlass nur viermal täglich: Fr.–Mi. 10, 12, 14.30, 16.30 Uhr. Die an der Zentralkasse zu kaufenden Tickets für die Rüstkammer sind kontingentiert, Infoblatt auf Englisch, Souvenirs und Audioguides am Eingang am Borowitzkaja-Turm.

㉒ Diamantenfonds ★★★ [D5]

In der Rüstkammer ㉑ ist auch der weltweit einzigartige Diamantenfonds untergebracht. Die hinter Panzerglas in einem vollkommen abgedunkelten „Safe" neben der Rüstkammer ausgestellten Preziosen der Zaren und Kaiser sollte man sich nicht entgehen lassen.

Der 190-Karat-Diamant, ein Geschenk an die Zarin Katharina II. von ihrem Liebhaber Graf Orlow, funkelt wie die anderen Exponate in all seiner Pracht. Die Schönheit gänzlich ungeschliffener Diamanten kann man ebenfalls bewundern. Die extravaganten Zarenjuwelen strotzen vor Edelsteinen, die große Zarenkrone von Katharina II. ist mit 5000 Diamanten besetzt. Ein 2003 erworbener Goldnugget wiegt 33 kg und ist ebenfalls hier ausgestellt. Der Diamantenfonds ist im Übrigen der einzige Teil des Kreml, der dem Finanzministerium unterstellt ist (!).

❭ Алмазный фонд (Almasnyj Fond), Metro: Alexandrowskij Sad, Biblioteka imeni Lenina, www.almazi.net, Tel. 6292036. Der Diamantenfonds kann zwischen Fr. und Mi. von 10 bis 13 und 14 bis 17 Uhr besichtigt werden. Tickets an der Hauptkasse, besser aber online. Eingang am Borowitzkaja-Turm.

KLEINE PAUSE: Kaffee oder Snack
Nach dem Kremlbesuch empfiehlt sich eine Einkehr in unmittelbarer Ausgangsnähe, im Café **Eat & Talk** (s. S. 69) oder bei **Respublica (2)** (s. S. 79).

Samoskworetschje

Die Zeitreise durch einen der wenigen noch ursprünglichen Stadtteile Moskaus verbindet vier Highlights, die sich kein Besucher entgehen lassen sollte. Die Atmosphäre des 19. Jh. und die Lage direkt an der Moskwa offenbaren die romantische Seite der Millionenmetropole.

㉓ Schokoladenfabrik Roter Oktober ★★ [D6]

Ein schönes Beispiel für die industrielle Vergangenheit der Insel ohne Namen ist die unterhalb der Fußgängerbrücke in rotem Klinker erbaute Schokoladenfabrik „Roter Oktober" am Südufer des Flusses.

Moskaus berühmteste Pralinenmanufaktur hat 2008 ihren angestammten Platz verlassen und residiert nunmehr am Stadtrand. Während die Anwohner den unwiderstehlichen Duft der handgefertigten „Konfetki" aus der 1867 von dem deutschen Konditor Ferdinand von Einem gegründeten Fabrik vermissen, halten die jungen Kreativen jetzt in den heiligen Hallen ihre Workshops ab, flanieren durch Galerien, sitzen mit ihren Laptops auf einer der Sommerterrassen und feiern in den Loft-Klubs bis in die frühen Morgenstunden.

› Красный Октябрь завод (Krasnyj Oktjabr Sawod), Bersenewskaja Nab., Metro: Kropotkinskaja, dann über die Brücke hinter der Christ-Erlöser-Kathedrale, www.redok.ru, tägl. 24 Std. geöffnet

⌂ *Die Schokoladenfabrik hinter dem Denkmal Peters des Großen*

> **EXTRATIPP**
>
> **Bar Strelka und Gipsy Bar**
> Eine der coolsten Sonnenterrassen der Stadt gehört zur **Bar Strelka** (s. S. 62) auf dem Gelände der ehemaligen Schokoladenfabrik Roter Oktober. Kaffee, Drinks und Snacks sind die Preise wert. Die Galerie der Brüder Lumière befindet sich um die Ecke. Vor allem aber ist hier abends etwas los.
> Eine Nacht in der **Gipsy Bar** (s. S. 72) wird man ebenfalls nicht vergessen. Cool Moscow!

㉔ Haus am Ufer ⭐ [D6]

In der Ferne an der riesigen Straßenkreuzung sieht man das graue „Haus am Ufer", das für seine **wechselvolle Geschichte** bekannt ist. Es wurde im Jahr 1931 fertiggestellt. Stalingetreue durften in diesem grauen, aber luxuriösen Komplex in bester Innenstadt- und Kremllage wohnen, solange sie nicht in Ungnade fielen. In dem preisgekrönten, minutiös recherchierten Buch „Das Haus der Regierung" beleuchtet Juri Sljoskin das frappierende Eigenleben dieser Enklave.

Im Stadtteil Samoskworetschje siedelten ursprünglich die Tataren. Später zogen nach und nach reiche **Kaufleute** aus den lärmenden Gassen der Kreml-Vorstadt Kitaj-Gorod dorthin. Im 19. Jh. entstanden hier im Zentrum die ersten Fabriken, von denen heute viele in Lofts und Büros umgewandelt sind.

› Дом на набережной (Dom na nabereschnoj), Ul. Serafimowitscha 2, Metro: Kropotkinskaja

㉕ Alte Tretjakow-Galerie ⭐⭐⭐ [E6]

Die Tretjakow-Galerie beherbergt mit 100.000 Exponaten die weltweit umfangreichste Sammlung russischer Kunst aus dem Mittelalter bis zum Beginn des 20. Jh. und die größte Ikonensammlung der Welt. Der russische Textilkaufmann und Kunstliebhaber Pawel Tretjakow begann in den 1850er-Jahren damit, Kunstobjekte zu sammeln. Er wollte mit seinem Vermögen eine Art russische Nationalgalerie gründen und kaufte ganze Gemäldeserien, aber auch Ikonen und Skulpturen.

Nachdem er eine Sammlung westeuropäischer Gemälde von seinem Bruder geerbt hatte, vergrößerte sich die Galerie, die schon damals einer der bedeutendsten Orte Moskaus war. 1892 vermachte Tretjakow die Sammlung und das Gebäude der Stadt Moskau, die sich für einen Neubau entschied. Das von dem russischen Märchenmaler Wiktor Wasnezow im neo-altrussischen Stil entworfene Hauptgebäude wurde 1995 nach 10-jähriger Renovierung wiedereröffnet.

Die 62 Räume der Tretjakow-Galerie sind nummeriert, wobei in den Räumen 56 bis 62 ausschließlich Ikonen und Juwelen gezeigt werden. Die Ikone „Gottesmutter von Wladimir" aus dem frühen 12. Jahrhundert und Andrej Rubljows „Dreifaltigkeitsikone" aus dem Kloster Sergijew Possad gelten als die berühmtesten russischen Ikonen. Die „Gottesmutter vom Don" verhalf angeblich den russischen Truppen mehr als einmal zum Sieg und wird seither als Wunderikone verehrt. Das Wort „Ikone" leitet sich aus dem griechischen Wort *eikon* für Bild ab. Ikonen kamen wie das orthodoxe Christentum aus Byzanz. Verehrt wird die auf der Ikone abgebildete Person. Fast 600 Jahre lang war jede Form von Kunst in Russland religiösen Ursprungs.

Wer sich für **Porträtmaler des 18. Jh.** und **Städteporträts** von Moskau und St. Petersburg interessiert, sollte sich im Anschluss die Räume 1 bis 15 ansehen. In Raum 19 sind einige Werke des Marinemalers Iwan Aiwasowski (1817–1900) ausgestellt, der zu seiner Zeit ein Leitstern am russischen Kunstfirmament war. Den Schwerpunkt der alten Tretjakow-Galerie bilden die Werke der *peredwischniki* (Wanderer) in den Räumen 16 bis 31 und 35 bis 37, die Pawel Tretjakow besonders schätzte, weil sie politische und soziale Themen in ihren Bildern umsetzten. Auf Wanderausstellungen zeigten die Maler ihre Gemälde in der Provinz, um so der Zensur zu entgehen. Ilja Repin, Wassilij Polenow, Wassilij Surikow und Walentin Serow gehörten ebenso dazu wie Iwan Kramskoj, der Kopf der Gruppe. In Raum 25 befinden sich Iwan Schischkins Waldstücke, in Saal 37 Werke von Isaak Lewitan, Russlands größtem Impressionisten.

Der Stellenwert von **Michail Wrubel** in Russland ist mit dem von Cézanne im Westen zu vergleichen. Die Farbintensität seiner Werke deutet auf ein synästhetisches Empfinden hin. Dem nicht genug, war der als Genie beschriebene Wrubel auch noch einer der berühmtesten Freskenmaler seiner Zeit. In den Räumen 32 bis 34 hängen Wrubels magische, hintergründige Werke, die den Betrachter verzaubern, aber auch verstören. Das riesige Tableau war der Entwurf für das berühmte Mosaik am Metropol-Hotel (s. S. 39).

› Третьяковская Галерея (Tretjakowskaja Galereja), Lawruschinskij Per. 10, Metro: Tretjakowskaja, www.tretyakovgallery.ru, Tel. 9570727, Di./Mi., So. 10–18, Do.–Sa. 10–21 Uhr (Kassen schließen eine Stunde vor Betriebsende), Mo. geschlossen, Audioguide empfehlenswert, Eintritt: 6 €

26 Skulpturenpark Muzeon ★★ [D7]

Dieser stimmungsvollste Ort für Sowjetnostalgiker und Hobby-Zeichner hieß Anfang der 1990er-Jahre „Friedhof der gestürzten Denkmäler" und wird heute als Skulpturenpark Muzeon bezeichnet. Der erste „Verstorbene" war Felix Dserschinskij, der Begründer des KGB, dessen riesenhafte Statue 1991 während des Putsches auf dem Lubjanka-Platz gestürzt und hierher gebracht wurde. Stalin, Lenin und Breschnew folgten, als sowjetische Helden in Ungnade gefallen waren und auch deren Konterfeis vom Sockel gestürzt wurden. Über **600 Statuen** kamen noch hinzu, die als Denkmäler schließlich gänzlich unpopulär geworden waren. Den Gulag-Opfern ist ein großer Käfig gewidmet, in den unzählige steinerne Köpfe mit Gesichtern eingesperrt sind. Von den 150 **Lenin-Statuen**, die über die Stadt verteilt waren, sind heute nur noch 20 übrig geblieben. Einige hat es hierher verschlagen. Als in den 1930er-Jahren Denkmäler wie Pilze aus dem Boden schossen, wurde das einzelne Menschenleben schlagartig weniger wert. Denkmäler tauchten auf, während zeitgleich Personen verschwanden. Und weil man die Verantwortlichen nicht zur Rechenschaft ziehen konnte, ließ man seine Wut an den Denkmälern aus. Heute gibt es in dem Park auch Café-, Souvenir- und Ausstellungspavillons ... und ganz viel grünen Rasen, der über die Geschichte gewachsen ist.

› Парк искусств Музеон (Park Iskusstw Muzeon), Krymskij Wal 10, Metro: Poljanka, Oktjabrskaja, https://park-gorkogo.com/en/muzeon, Tel. 9950020, tägl. 8–23 (Sommer), 8–22 Uhr (Winter), Eintritt frei

27 Neue Tretjakow-Galerie ★★★ [D7]

In dem kubistischen, schmucklosen Gebäudekomplex aus der Stalinzeit ist die „Crème de la Crème" der russischen Kunst des 20. Jahrhunderts versammelt. Wer schon immer wissen wollte, was „Russische Avantgarde" eigentlich ist, kommt hier aus

Neuen Tretjakow-Galerie wert. **Kasimir Malewitschs** „Das Schwarze Quadrat" (Raum 6), seine abstrahierte schwarze Ikone, revolutionierte die Kunst weltweit. Das älteste Original hängt in St. Petersburg. In Raum 9 sind Kandinskys Moskaubilder und einige seltene Werke aus dem Frühwerk von Chagall zu sehen, kubistische Malerei von Ljubow Popowa in Raum 10. Sehenswert sind auch die kaleidoskopartigen Bilder von Pawel Filonow, deren Motive sich erst bei näherer Betrachtung erschließen.

dem Staunen nicht mehr heraus. Neuerdings ist sogar eine Rekonstruktion von Alexander Rodtschenkos „Arbeiterklub" zu sehen. Außerdem läuft ein 30-minütiger Film über die Geschichte der russischen Malerei (auch auf Englisch), den man von einem Sofa aus sehen kann.

Die Gruppe der Primitivisten, die nur die russische Kunst als authentisch und nichtdekadent bezeichneten, ist mit den Werken von Natalja Gontscharowa und Michail Larionow sowie Aristarch Lentulows einmaligen Bildern russischer Kirchen und Klöster in den Räumen 1 bis 5 vertreten.

Unter dem Einheitsbegriff Futurismus versteht man die Umsetzung verschiedenster russischer Kunststile und Kunsttheorien aus der Zeit von 1910 bis 1920. Die Räume 6 bis 9, die den Futuristen gewidmet sind, sind allein schon einen Besuch der

Nach 1932 wurden alle Künstlergruppen aufgelöst. Die einzige noch tolerierte Kunstrichtung war der staatlich verordnete **Sozrealismus** (ab Raum 18) mit nur drei möglichen Themen: die Partei, der Sozialismus und das Urrussische. Alexandr Dejneka (1899–1969) hatte sich in dieser Zeit der Verherrlichung der Helden des Sports und der Luftfahrt verschrieben (Gemälde, Mosaikentwürfe für die Metro, Grafiken). Der Maler Alexander Gerasimow beispielsweise machte aus seiner Bewunderung für das sowjetische Regime keinen Hehl. Das Auftragsgemälde in Raum 26 mit Stalin und Außenminister Woroschilow auf der Kreml-Mauer wurde, so heißt es, in zweifacher Ausführung angefertigt. Auf dem zweiten Bild sollte Woroschilow nicht mehr zu sehen sein, falls er in Ungnade und einer Säuberung zum Opfer fallen sollte. In den Räumen 30 bis 40 hängen Bilder von Künstlern der zweiten Hälfte des 20. Jh., die neben der offiziellen Richtung aber auch die inoffizielle, die sogenannte „Zweite Russische Avantgarde", vertreten. Unter Chruschtschow und Breschnew sollte die Kunst einzig und allein die Errungenschaften des Sozialismus widerspiegeln (**Sozart**, Raum 36).

Russische Avantgarde ist in der Neuen Tretjakow-Galerie zu finden

› Третьяковская Галерея на Крымскому валу (Tretjakowskaja Galereja na Krymskomy waly), Ul. Krymskij Wal 10, Metro: Oktjabrskaja, www.tretyakovgallery.ru, Tel. 9570727, Di., Mi., So. 10–18, Do.–Sa. 10–21 Uhr (Kasse schließt eine Stunde früher), Eintritt: 6 €

28 Gorki-Park ★★★ [D8]

Der nach Maxim Gorki benannte „Kultur- und Erholungspark" war der erste und einzige Vergnügungspark der Sowjetunion. 1928 errichtet, wurde er zum Schauplatz vieler Filme und Romane, auch die Scorpions sangen hier „Follow the Moskwa down to Gorky Park" (auch auf Russisch).

Nachdem der Oligarch Roman Abramowitsch 2013 die Sanierung des Parks übernommen hatte, wurde aus dem früheren Kirmes-Areal ein **spektakulärer Kunst- und Erholungspark.** Europas zweitgrößte **Eisbahn** wurde schon in Betrieb genommen und im linken Pfeiler des Eingangsportikus entstand ein **Museum zur Geschichte des Gorki-Parks** (Di.–So. 11–22 Uhr, Eintritt: 3,50 €). Cafés und Strandbars mit Klubsesseln laden im Sommer am Flussufer zum Verweilen ein. Der größte Spielplatz Russlands befindet sich gleich neben dem Haupteingang links. Abramowitschs Ex-Frau Dascha ließ sich von Rem Koolhaas ein Ausstellungsgebäude namens „**Garage**" (s. S. 59) mit einer fantastisch sortierten Buchhandlung bauen, in dem moderne Kunst gezeigt wird. Neu ist auch der Bootsanleger, von dem aus das ganze Jahr über Glasdachboote abfahren. Im Sommer kann man Fahrräder mieten und sich an unzähligen kleinen Kiosken stärken. Der Gorki-Park ist das Wochenendausflugsziel Nummer 1 der Moskauer, mit und ohne Kinder.

› Парк Горького (Park Gorkowo), Puschkinskaja Nab., Metro: Park Kultury, www.park-gorkogo.com, Tel. 9950020, tägl. 24 Std geöffnet. Man muss die Magistrale Krymskij Wal unterqueren oder spaziert unter der Brücke weiter.

Der Gorki-Park bietet viele Möglichkeiten zum Entspannen

Twerskaja

Die neuerdings mit Schatten spendenden Bäumen aufgehübschte Handelsstraße führt vom Kreml ⓭ bis zum Gartenring und bildet das urbane Zentrum der Stadt. Die meisten Gebäude stammen aus der Zeit nach 1917, sodass der Architekturstil des sozialistischen Klassizismus dominiert.

㉙ Twerskaja Uliza ★★ [D3]

Die von den Moskowitern „Zarenstraße" genannte Twerskaja Ul., die nach Twer und nach St. Petersburg führt, hieß bis in die 1990er-Jahre noch **Gorki-Straße**. Die Prachtstraße wird gesäumt von imposanten Wohnhäusern im eklektischen Stil mit beeindruckenden, zum Teil sehr verschnörkelten Fassaden, hinter denen sich weniger repräsentative Hinterhöfe und Häuserreihen verbergen. Dieses Phänomen der Fassadenbildung lässt sich auch entlang des Gartenrings beobachten. Die Twerskaja Ul. wurde 1935 auf 42 Meter verbreitert, ein Blick hinter die Torbögen auf der linken Seite verrät, dass sich in zweiter Reihe kleinere, gedrungenere und weniger repräsentative Häuser befanden. 2004 wurde die gesamte Twerskaja Ul. in einer einzigen Nacht neu asphaltiert.

› Тверская улица (Twerskaja Ul.), Metro: Twerskaja

㉚ Museum für Moderne Geschichte Russlands ★★ [D3]

Das frühere Revolutionsmuseum entführt in eine Welt voller politischer Wirren und Umschwünge eines Riesenreiches, das einst ein Sechstel der Erde umfasste. In dem opulenten Stadtpalais war bis 1924 der Englische Klub untergebracht, in dem sich die russische Aristokratie mit begüterten Ausländern traf. In dieser pompösen Umgebung ließ Leo Tolstoj auch „Anna Karenina" spielen.

Man bestaunt liebevoll exponierte Erinnerungsstücke, wie etwa ein kleines Holzmodell des Lenin-Mausoleums, das nachgebaute Arbeitszimmer Stalins und illustre Staatsgeschenke an die russische Staatsführung wie z. B. ein Kreml-Modell aus Bernstein. Die in den Archiven des Museums schlummernde größte Plakatsammlung der Welt ist dem Besucher nur in Teilen zugänglich. An die Stalin-Ära erinnern Politiker-Sammeltassen aus der Lomonossow-Manufaktur, aus denen Ende der 1950er-Jahre die Konterfeis von Berija und Kaganowitsch wegretouchiert wurden. In Ungnade Gefallene hatten das Recht am eigenen Bild verwirkt. Im Museumsshop gibt es Sowjetposter, Briefmarken, Postkarten etc.

› Музей современной истории России (Musej sowremennoj istorii Rossii), Twerskaja Ul. 21, Metro: Puschkinskaja, Twerskaja, www.sovrhistory.ru, Tel. 6995458, Di., Do.–So. 11–19, Mi. 12–21 Uhr, Kassenschluss 18.30 bzw. 20.30 Uhr, Eintritt: 4 €

㉛ Metrostation Majakowskaja ★★★ [C2]

Diese Metrostation wurde auf der New Yorker Weltausstellung 1938 mit dem Großen Preis für Architektur ausgezeichnet und gilt als eine der schönsten U-Bahnstationen der Welt.

Beide Eingänge und Plattformen sind sehenswert. Im historischen Teil der Station wurden 1941 die Feierlichkeiten zum 24. Jahrestag der Oktoberrevolution zelebriert, da die deutsche

KLEINE PAUSE

Russisches Buffet
Im **Grabli** (s. S. 67) gibt es Süßes und Herzhaftes, das man sich individuell zusammenstellen kann, und das zu vertretbaren Preisen.

Wehrmacht vor Moskau stand. In den von Alexandr Dejneka entworfenen, einzigartigen Deckenmosaiken ist die Geschichte der technischen und sportlichen Errungenschaften der Sowjetära verewigt. Die Hintergrundfarbe ist immer blau, die Mosaiken sollten Fenster zum Himmel sein …

Auch der erst im November 2005 fertiggestellte Ausgang an der Twerskaja ist sehr sehenswert. In der beliebten Mosaiktechnik wird hier dem großen revolutionären Dichter Wladimir Majakowskij mit Zitaten aus seinen Werken gehuldigt.

◁ *Die Metrostation Majakowskaja*

› Метро Маяковская (Metro Majakowskaja), geöffnet: tägl. 5.30–1 Uhr nachts

EXTRATIPP

Spazierfahrt im Untergrund
Einige Metrostationen scheinen als Vorbild für das Zaubereiministerium in der Harry-Potter-Verfilmung gedient zu haben. Einzigartig sind neben der Majakowskaja-Station vor allem diese:

› **Belorusskaja:** Die Mosaiken im Zwischengeschoss zeigen das vermeintlich idyllische Leben in Belarus. Ein früher vorhandenes Partisanendenkmal musste dem neuen Metro-Eingang weichen.

› **Kiewskaja:** Am Kiewer Bahnhof treffen sich drei Metrostationen. Die Arkaden sind ebenso riesig wie die Mosaiken, die die damalige Verbundenheit der Ukraine mit Russland betonen. Thematisiert wird auch die Befreiung Kiews von den deutschen Besatzern im Jahre 1943.

› **Komsomolskaja:** Benannt ist die Station nach dem 1918 gegründeten kommunistischen Jugendverband „Komsomol". In der 1952 erbauten „Ruhmeshalle" für den Sieg der Sowjetarmee im Zweiten Weltkrieg befinden sich Mosaike zu historischen Themen wie z. B. der Einnahme des Reichtages in Berlin.

› **Nowoslobodskaja:** 30 beleuchtete Buntglasscheiben mit Motiven aus der russischen Gobelin-Kunst geben der Station eine sakrale Atmosphäre.

› **Partisanskaja:** Der gigantische Tunneltempel aus dem Jahr 1944 wird von Tageslicht erhellt.

› **Ploschtschad Rewolutsii:** Stalins Kommentar zu den riesenhaften Bronzestatuen „Sie wirken lebendig, so als würden sie leben."

› **Prospekt Mira:** Hinter Säulen aus schwerem, weißem Marmor zeigen diverse Wandreliefs sowjetische Bauern, denen ihre Arbeit sichtlich Freude zu bereiten scheint.

› **ZSKA:** Die zum Eissportpalast gehörende Station wurde 2018 eingeweiht und läutete eine architektonisch neue Ära ein.

KLEINE PAUSE

Foodie-Mekka mit lokalen Produkten
In der Nähe der Metrostation Majakowskaja ❸❶ befindet sich eine Filiale der SB-Restaurants der Brüder Karawajewi (2, s. S. 67). Alternativ oder in den frühen Morgenstunden gibt es kleine Leckereien und vorzüglichen Kaffee bei **Wolkonskij** (s. S. 70).

❸❷ Bulgakow-Wohnhaus ★★★ [C2]

In den 1980er-Jahren wurde das Wohnhaus des großen sowjetischen Schriftstellers Michail Bulgakow, der sich mit dem Moskau-Roman schlechthin in das satirische Herz der Russen schrieb, zu einem echten, mystischen Wallfahrtsort. Unzählige Fans verewigten sich mit Graffiti-Zeichnungen aus „Der Meister und Margarita" im Treppenhaus dieser einstigen „kommunalka" (Gemeinschaftswohnung), in der Bulgakow von 1921 bis 1924 lebte.

Anfang 2005 eröffneten seine Nachkommen hier ein Museum. Ausgestellt sind Bilder, Fotos, Skulpturen, eine Holzstraßenbahn und andere Habseligkeiten. Skizzen treuer Anhänger schmücken die Wände. Vor allem der umtriebige Kater Behemoth hat es den Fans angetan. Täglich ist das Museum Ausgangspunkt zahlreicher Führungen auf Bulgakows Spuren und zu den Schauplätzen seiner Romane. Es gibt Nachtexkursionen per Bus oder zu Fuß von 1–5 Uhr morgens (cool!) oder „Bulgakows Moskau", das man in einer alten Tram erkundet. Auch die Patriarchenteiche um die Ecke lohnen einen Abstecher.

Dort spielt die Anfangsszene aus „Der Meister und Margarita", dem Kultroman, dessen Erstveröffentlichung in Russland im Jahr 1966 Bulgakow nicht mehr erlebte. Viele seiner Romane und Theaterstücke standen auf dem Index, aber das Bürgerkriegsdrama „Die Tage der Turbins" war glücklicherweise Stalins Lieblingsstück.

› Дом Булгакова (Dom Bulgakowa), Bolschaja Sadowaja Ul. 10, Metro: Majakowskaja, (Eingang im Hof), www.dombulgakova.ru, Tel. 9700619, Mo.–Do. 13–23, Fr. 13–1, Sa.12–1, So. 12–23 Uhr, Tickets auch online

❸❸ Gorki-Wohnhaus ★★★ [C4]

Das Jugendstiljuwel wurde von Fjodor Schechtel für die Familie Rjabuschinskij entworfen und ist auch von innen unbedingt sehenswert. Kein Jugendstilbuch kommt ohne dieses eindrucksvolle Beispiel aus. Der deutschstämmige Schechtel gilt als „russischer Gaudí".

Die gigantische, in Form einer Welle geschwungene Kalksteintreppe ist weit über die Landesgrenzen hinaus bekannt. Der Prachtbau samt Originalinterieur sollte ausgerechnet Gorki, dem „Schriftsteller der kleinen Leute", von 1931 bis 1936 als Wohnsitz dienen. So hatte es die Regierung verfügt. Neben der 12.000 Bücher umfassenden Privatbibliothek sind viele handschriftliche Aufzeichnungen und seine Lesebrille in Augenschein zu nehmen. Freunde des Jugendstils sollten die Straße noch bis zur Villa Morosowa hochgehen (Nr. 17).

› Дом-музей Горького (Dom-Musej Gorkowo), Malaja Nikitskaja Ul. 6/2, Metro: Arbatskaja, http://museum.imli.ru, Tel. 6973241, Mi.–So. 11–17.30 Uhr, Eintritt: 5 €

Jugendstil in Moskau

Die Zeit zwischen 1895 und 1914 wird als das „Silberne Zeitalter Russlands" bezeichnet. Es war die Hochzeit russischer Schaffenskraft in allen Künsten. Der Erste Weltkrieg sollte diese Epoche jäh beenden, bevor deren goldene Zeiten anbrechen konnten. Für den Osteuropahistoriker Karl Schlögel gehört der Jugendstil „zu den glücklichsten Momenten der jüngeren europäischen Geschichte", er fungierte „im östlichen Europa als Platzhalter für eine zu schwache oder kaum vorhandene bürgerliche Klasse". Aus westeuropäischen Strömungen entwickelte sich der russische Jugendstil, eine Verschmelzung aus neorussischem Stil, aus gotischen und nordischen Einflüssen und englischem sowie belgischem Jugendstil. Die verspielten Kuppelaufsätze auf dem Dach des Hotel Metropol und die „Majolikas" (Kacheln) zeugen gar von Otto Wagners Einfluss. Neu waren vor allem die freie Grundrissgestaltung und die Asymmetrie der Bauten, die auch Franz (Fjodor) Schechtel (1859-1926) konsequent umsetzte. Er stammte aus einer wolgadeutschen Familie und wurde zu einem der angesehensten Architekten der Stadt. Seine mehr als 40 Bauten in Moskau zeigen eine Palette von englisch geprägter Neogotik über rationalen Jugendstil bis hin zum Neoklassizismus. Neben dem Gorki-Wohnhaus ❸❸ und dem Feinkostgeschäft Jelissejew (s. S. 82) gibt es noch andere Meisterwerke:

- ●3 [F4] **Haus der Kaufmannsgesellschaft**, *Malyj Tscherkasskij Per. 2/6, Metro: Lubjanka.* Ende der 1890er-Jahre entdeckte Schechtel den rationalen Jugendstil und schuf dieses Meisterwerk. Cremeweiß glasierte Klinker und riesige, ebenmäßige Glasflächen verleihen dem imposanten Bau eine futuristische Leichtigkeit. Im Coffeemania (s. S. 69) im Erdgeschoss wähnt man sich in einem Wiener Kaffeehaus.
- ●4 [E4] **Hotel Metropol**, *Teatralnyj Pr. 1, Metro: Ochotnyj Rjad.* Der imposanteste Jugendstilbau Moskaus ist ein Gemeinschaftsprojekt, an dem Lew Kekuschew, Wladimir Schuchow und Michail Wrubel beteiligt waren. Der Gesamtentwurf stammte von dem Engländer William Walcott, der ein Stahlbetonskelett mit Glaskuppel in Auftrag gab. Erker und Kuppelaufsätze erinnern an mittelalterliche Burgen, überdimensionierte Rundbogenfenster an die Einfallstore im russischen Norden. Die Majolika-Panneaux (großflächige Kachelbilder) in Grün- und Lilatönen sind weltberühmt, die zugrunde liegenden Originalentwürfe von Michail Wrubel gehören zu den wertvollsten Schätzen der Alten Tretjakow-Galerie ㉕.
- ●5 [H1] **Jarowslawler Bahnhof**, *Komsomolskaja Pl. 5, Metro: Komsomolskaja.* Ab 1896 begann Fjodor Schechtel, mit dem populären „russischen Märchenstil" zu experimentieren. Aus dieser Zeit (1902 bis 1904) stammt sein eigenwilliger Ergänzungsbau des 1862 erbauten Bahnhofsgebäudes, von dem aus die Transsibirische Eisenbahn abfährt. Granit, Stuckarbeiten, Schnitzereien und Gemälde mit nordischen und altrussischen Motiven und nicht zuletzt das romantische Helmdach machen den Bau einzigartig.

Ostoschenka

Das alte Adelsviertel ist eine Augenweide für Freunde des Klassizismus. Aber auch einige der schönsten Jugendstilbauten der Stadt sind hier zu finden. Und mittendrin entstand auf Höhe des Multimedia Art Museums in den letzten zehn Jahren das „Moskauer Berlin" mit moderner, minimalistischer Architektur „made in Russia".

- **6** [C6] **Mietshaus Isakow**, Pretschistenka Ul. 28, Metro: Kropotkinskaja. Lew Kekuschew war neben Schechtel der zweite große Vertreter des Moskauer Jugendstils. An der Fassade mit den Gusseisenbalkonen, dem floralen Fries und den prägnanten Erkern erkennt man die Handschrift seines Vorbildes, des Belgiers Victor Horta. Das weit auskragende wellenförmige Dach („Hutkrempe") ist ein typisches Merkmal des Moskauer Jugendstils.
- **7** [C3] **Villa Morosowa**, Spiridonowka Ul. 17, Metro: Puschkinskaja. Das heutige Gästehaus des Außenministeriums im neogotischen Stil entwarf Schechtel 1894. Für die Gestaltung des Innenausbaus gewann er den später zu Weltruhm gelangten Symbolisten Michail Wrubel. Dessen über der Holzvertäfelung aufgebrachten Wandmalereien im Kabinett konnte ein Brand 1995 glücklicherweise nichts anhaben.

㉞ Christ-Erlöser-Kathedrale ★★ [D6]

Die Christ-Erlöser-Kathedrale ist das größte Gotteshaus Russlands. Es ist 1997 wie Phönix aus der Asche wieder erstanden. Rechtzeitig zum 850. Stadtjubiläum konnte nach nur vier Jahren Bauzeit die alte, neue Christ-Erlöser-Kathedrale eingeweiht werden. Zur Feier des Sieges über Napoleon hatte Zar Alexander I. 1839 den **Bau der prunkvollen Kathedrale** in Auftrag gegeben. Die von Konstantin Thon entworfene Gedächtniskirche wurde allerdings erst 1883 unter Alexander III. vollendet, da die komplexe Konstruktion 44 Jahre Bauzeit in Anspruch nahm. Allein die goldenen Kuppeln waren mit 425 kg Gold verziert.

Da Stalin keine anderen Götter neben sich duldete, ließ er das gigantische Gotteshaus in Kreml-Nähe 1931 kurzerhand **sprengen**, brauchte dafür jedoch mehrere Anläufe. Das wurde von den Moskowitern als schlechtes Omen angesehen. Die Säulen des Portikus sollen beim Bau der Universität und der Marmor beim Bau der Metro wiederverwendet worden sein. Stalin wollte an dieser Stelle einen 315 Meter hohen „**Palast der Sowjets**" bauen, ein „Politik- und

◨ *Im Gorki-Wohnhaus* ㉝ *variiert Fjodor Schechtel das Thema Unterwasserwelt*

Kulturforum" mit einer 100 Meter hohen Leninstatue. 1937 begannen die Bauarbeiten für den von Boris Iofan entworfenen Palast. Bis Ende 1939 waren die bis 20 Meter unter den Wasserspiegel reichenden Fundamente fertig betoniert. Bei Ausbruch des Krieges 1941 wurden die Bauarbeiten eingestellt. Der fünfgeschossige Stahlbau wurde abgetragen und zur Panzerproduktion verwendet. 1958 wurde nach einem Entwurf von Dmitrij Tschetschulin an dieser Stelle das **Schwimmbad „Moskwa"**, das größte der Welt, errichtet. Als es 1993 geschlossen wurde, erhob die orthodoxe Kirche Anspruch auf ihr ehemaliges Eigentum. Der damalige Bürgermeister Jurij Luschkow warb um Unterstützung für den Wiederaufbau und konnte 350 Millionen Dollar aus der Geschäftswelt mobilisieren. Anstelle eines Backsteinbaus entschied man sich für ein mit Ziegeln ausgefachtes Stahlgerüst. Das mit 103 Tonnen Blattgold überzogene Innere der Kathedrale wurde außerdem mit Marmor und Granit ausgekleidet. Über den riesigen bronzefarbenen Türen hat sich Luschkows Hofkünstler Zurab Zereteli verewigt, der auch das Denkmal für Peter den Großen neben der Schokoladenfabrik ㉓ zu verantworten hat. Außerdem wurde das Gotteshaus mit einer Tiefgarage, VIP-Fahrstuhl, Hostienbäckerei, Restaurant und Museum ausgestattet.

› Храм Христа Спасителя (Chram Christa Spasitelja), Ul. Wolchonka 15, Metro: Kropotkinskaja, www.xxc.ru, Tel. 6371276, tägl. 10–18, Mo. ab 13 Uhr, Messen täglich 8 und 17 Uhr, Museum mit Aussichtsplattform

Malerisch: die Christ-Erlöser-Kathedrale

㉟ Puschkin-Museum der Bildenden Künste ★★★ [D5]

Das zunächst nach Alexander III. benannte „Museum der Schönen Künste" wurde erst 1937 an Puschkins 100. Todestag dem Schriftsteller zu Ehren zum „Puschkin-Museum der Bildenden Künste" und zählt heute zu den bedeutendsten Kunstmuseen der Welt.

Der Moskauer Professor für Kunstgeschichte, Iwan Zwetajew, sammelte die Mittel für ein Museum, in dem er für seine Studenten die von zahlreichen Reisen mitgebrachten Kopien griechischer, römischer und mittelalterlicher Gipsabdrücke als Anschauungsmaterial ausstellen konnte. Der neoklassizistische Bau wurde mit diesen Spendengeldern finanziert und nach 14-jähriger Bauzeit 1912 fertiggestellt. Als nach der Oktoberrevolution viele Kunstsammler enteignet wurden, vergrößerte sich der Bestand in rasantem Tempo. Die exzellente Sammlung der beiden Mäzene Iwan Morosow und Sergej Schtschu-

Ostoschenka

kin kam Ende der 1940er-Jahre hinzu. Nach dem Wiederaufbau des im Krieg beschädigten Gebäudes gelangten als Kriegsbeute auch Kunstwerke aus deutschen, ungarischen, niederländischen und französischen Sammlungen in das Museum. Der Bau beherbergt heute eine der besten Impressionisten- und Postimpressionisten-Sammlungen überhaupt.

Deutsche Besucher zieht es seit 1996 zunächst ins Hauptgebäude in Raum 7. Dort ist jetzt nach mehr als 50 Jahren der spektakuläre **Goldschatz von Troja** zu sehen, der nach dem Zweiten Weltkrieg von der Roten Armee aus Deutschland nach Moskau verbracht wurde. Heinrich Schliemann hatte den sagenumwobenen Schatz des Priamos 1873 in Troja entdeckt und aus der Türkei nach Berlin geschmuggelt. Die rund 9000 Teile waren bis 1943 im Berliner Museum für Vor- und Frühgeschichte zu sehen, verschwanden dann in einem Berliner Schutzbunker und galten schließlich bis Anfang der 1990er-Jahre als vermisst. Erst nachdem 1995 sämtliche Beutekunst von der Duma zu russischem Nationaleigentum erklärt wurde, war die Museumsdirektorin bereit, die 250 Exponate auszustellen. Das große goldene Diadem der schönen Helena ist nur eines der unzähligen, äußerst wertvollen Ausstellungsstücke. Das **Troja-Gold** stammt aus der Zeit um 2400 v. Chr. und gilt als die kostbarste russische „Kriegstrophäe".

In der ebenfalls zum Komplex gehörenden „Privatsammlung" (Ul. Wolchonka 10) sind auch interessante temporäre Ausstellungen mit russi-

KLEINE PAUSE
Auf dem Vorplatz des Puschkin-Museums kann man sich auf einer Bank ausruhen. Alternativ gibt es Espresso und Pizza im **Il Patio** (s. S. 64) gegenüber der Kathedrale.

◿ *Die Bestände des Puschkin-Museums wurden im Zweiten Weltkrieg nach Sibirien gebracht*

scher Kunst zu sehen. Das Architekturbüro Meganom Project hat einen überwiegend unterirdischen Ergänzungsbau entworfen. Die „Museumsstadt" soll 2020 eröffnet werden.

› Пушкинский музей (Puschkinskij Musej), Ul. Wolchonka 12 und 14, Metro: Kropotkinskaja, www.artsmuseum.ru, Tel. 6979578, Di./Mi., Sa./So. 11–20 Uhr (Kasse bis 19 Uhr), Do./Fr. 11–21 Uhr (Kasse bis 20 Uhr), Führungen zu reservieren unter Tel. 6977412, Eintritt: 5 €

❸❻ MAMM (Multimedia Art Museum Moscow) ★★★ [C6]

Das Moskauer Haus der Fotografie („Moskowskij Dom Fotografii") hat einen neuen Namen, eine futuristische Hülle und jetzt sieben Etagen mit „weißen Würfeln" („white cubes") bekommen.

Da fühlt man sich ein bisschen wie im verwandten MOMA, auch wenn es ausnahmslos Fotografien zu sehen gibt. Die spektakulären Sammlungen stammen aus einem der weltbesten staatlichen Fotoarchive, das den Grundstock des MAMM bildet und an das auch die Rodtschenko School of Photography and Multimedia angeschlossen ist. Die Direktorin Olga Swiblowa ist eine der einflussreichsten Damen der Moskauer Kunstszene. Die **Ausstellungen** sind **fantastisch**. Seit einigen Jahren feiert die Fotokunst auch in Russland ein sensationelles Comeback. Zu Sowjetzeiten war sie keine anerkannte Kunst, allenfalls eine Dokumentationsform. Schwarz-Weiß-Fotografien aus der Zeit werden hoch gehandelt. Für die heute gefeierten Fotografen wie Alexander Grinberg, Boris Ignatowitsch oder Jewgeni Chaldej kommt der Ruhm allerdings zu spät ...

› Мультимедиа арт музей (Multimedia Art Musej), Ostoschenka 16, Metro: Kropotkinskaja, www.mamm-mdf.ru, Tel. 6371100, Di.–So. 12–21 Uhr

❸❼ Tolstoj-Wohnhaus ★★★ [B7]

Das einstige Haus des aus einer alten Adelsfamilie stammenden, weltberühmten Schriftstellers gehört zu den schönsten Wohnhausmuseen der Stadt. Heute steht es mitten in „Hipsterhausen". Yandex, das russische Pendant zu Google, ist in den Lofts der Gegend untergebracht.

Tolstojs Wohnhaus sprüht vor Lebendigkeit. Der Esstisch ist noch gedeckt, die Kerzen auf seinem Schreibtisch sind zur Hälfte heruntergebrannt. Man hat den Eindruck, der „große Intellektuelle" käme jeden Moment zur Tür herein. Die Fülle von persönlichen Gegenständen wie Schuhe, Fahrrad und Hanteln geben einen tiefen Einblick in das sehr einfache Leben des bedeutenden Schriftstellers und dessen Zeit. Von 1882 bis 1901 verbrachte Tolstoj mit seiner Frau Sofia und den neun Kindern die Winter in diesem Holzhaus mit seinen immerhin **16 Zimmern.** Viele russische Geistesgrößen jener Zeit gaben sich in dem spartanisch eingerichteten **Arbeitszimmer** ein Stelldichein, wie etwa Sergej Rachmaninow, Ilja Re-

> **KLEINE PAUSE**
> **Weinbar**
> In einer **Filiale der Bio-Kette Karawajewi** (3, s. S. 67) kann man die Akkus wieder aufladen, bevor man mit dem Bus 15 weiterfährt zum Neujungfrauenkloster oder zurück zur Metro Kropotkinskaja.

pin und Maxim Gorki. Tolstoj vertrat urchristliche moralische Werte wie Nächstenliebe und Gewaltlosigkeit, gab sich später aber ausschließlich dem weltabgewandten Mystizismus hin. Am Ende seines Lebens fand er aus dem Irrgarten der menschlichen Psyche, den er in seinen philosophischen Romanen so eindrucksvoll seziert hatte, selbst nicht mehr zurück und starb nach dem Bruch mit der Familie 1910 auf dem Weg zu einem unbekannten Domizil.

› Дом-музей Толстого (Dom-Musej Tolstowo), Ul. Lwa Tolstogo 21, Metro: Park Kultury, www.tolstoymuseum.ru, Tel. (499) 2469444, Di., Do. 12–20, Mi., Fr.–So. 10–18 Uhr, Eintritt: 4 €

Entdeckungen außerhalb

Unbedingt lohnenswert ist zumindest ein Ausflug in die nähere Umgebung Moskaus. Die Hektik der Großstadt verliert sich in den unendlichen Weiten der russischen Wälder schon nach einer halben Stunde Metrofahrt. Zaren und Schriftsteller hinterließen hier ebenso ihre Spuren wie Metropoliten, Bolschewiken und Sowjetarchitekten.

❸❽ Neujungfrauenkloster (mit Friedhof) ★★★   [bj]

Die schönste geschlossene Klosteranlage der Stadt wurde 1524 von Wassilij III. gegründet, nachdem dieser in der Schlacht um das von Litauern besetzte Smolensk einen Sieg errungen hatte.

△ „Es gibt etwas, was ich mehr als das Gute liebe: Ruhm", schrieb Leo Tolstoj 1850

Der Name des Klosters kommt vermutlich von einem in der Nähe regelmäßig abgehaltenen Markt, auf dem Tataren junge russische Mädchen *(dewitzy)* für muslimische Harems kauften. Die majestätisch wirkende **Smolensker Kathedrale** mit einer goldenen und vier grünen Kuppeln wurde nach der Muttergottes von Smolensk benannt. Das Innere mit dem fünfrangigen Ikonostas aus dem Jahr 1686 schmückt die Ikone der Heiligen Gottesmutter von Smolensk leider nur in Form einer Kopie. Die Fresken thematisieren Triumphszenen und Heilige, die Moskau gegen Angreifer verteidigen sollten. Die hier lebenden Nonnen waren oft wohlhabende Witwen, die den Herrschern, vor allem Iwan dem Schrecklichen, zu mächtig geworden waren. Durch diesen Umstand konnte das Kloster beträchtliche Reichtümer ansammeln.

Die rot-weiße **Mariä-Himmelfahrts-Kapelle** ist wie das angrenzende Re-

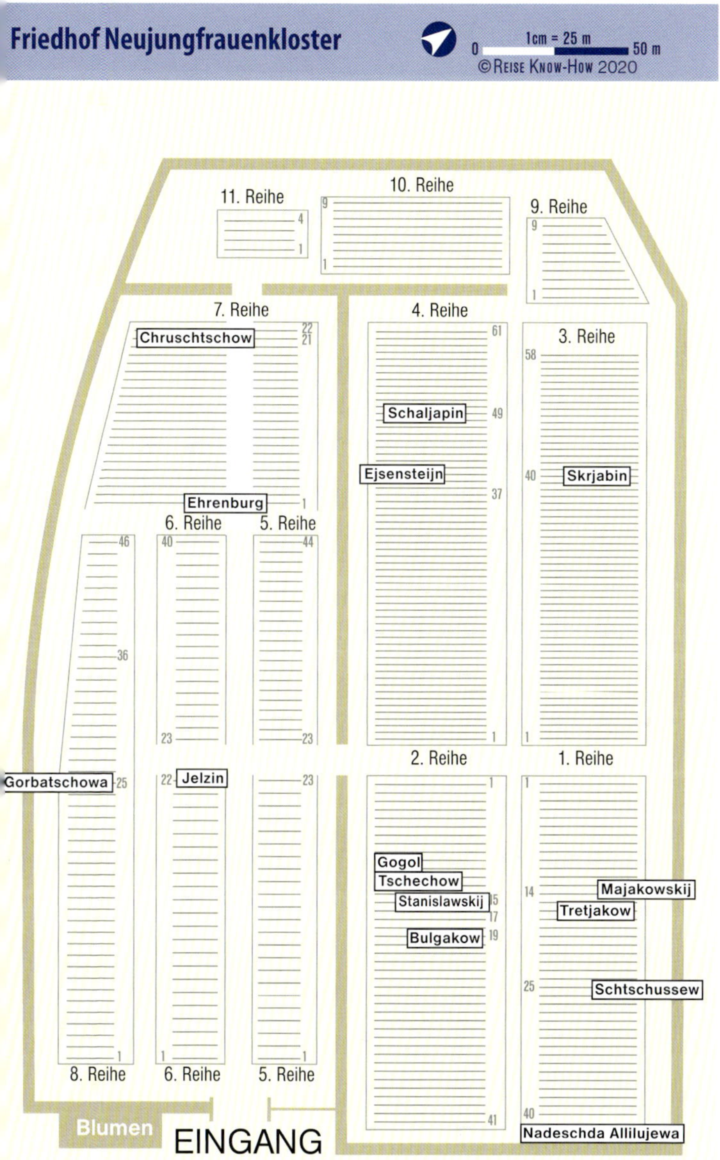

Friedhof Neujungfrauenkloster

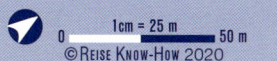

fektorium ein Barockbauwerk vom Ende des 17. Jh. und eine Winterkirche. Die Dachkonstruktion mit der kleinen Kuppel kam erst im 19. Jh. dazu. Der 72 Meter hohe, 1690 fertiggestellte Turm auf einem achteckigen Grundriss ist der wohl schönste Glockenturm der Stadt. Im ersten der sechs Stockwerke befindet sich die **Kirche Johannes des Täufers.** Die zu dem Barockensemble gehörende **Christi-Verklärungs-Torkirche** mit Muschelgesims und fünf goldenen Kuppeln mit Kreuzen wurde 1689 errichtet. Zur selben Zeit entstand auch der weinrote Lopuchin-Palast. Hier lebte die erste Frau von Peter dem Großen.

Als Napoleons Truppen 1812 versuchten, das Kloster zu sprengen, soll eine der Nonnen die Zündschnur gelöscht haben. 1922 wurde das Kloster aufgelöst und Teil des Historischen Museums. 1945 erhielt die orthodoxe Kirche als Dank für ihre Unterstützung im Zweiten Weltkrieg das Kloster zurück. 1988 wurde der große See angelegt. Auch wenn das Neujungfrauenkloster heute noch immer ein **Museum** ist, gibt es hier seit 1994 wieder Klosterleben. Aus diesem Grunde ist der größte Teil für die Öffentlichkeit nicht zugänglich.

Der weltberühmte **Friedhof** des Neujungfrauenklosters ist nach der Kremlmauer die prestigeträchtigste Nekropole Moskaus. Wie auf dem Pariser Friedhof Père Lachaise sind viele Gräber mit aufwendigen Grabskulpturen versehen, wie etwa das von Nikita Chruschtschow. Anton Tschechows Grab liegt in der Nähe der Ruhestätte von Konstantin Stanislawskij, mit dem ihn eine jahrelange schöpferische Zusammenarbeit verband. Gegenüber ist das Grab des Schriftstellers Michail Bulgakow. Der rebellische Futuristendichter Wladimir Majakowskij ruht neben den Mäzenaten-Brüdern Tretjakow. Der russische Filmemacher Sergej Ejsenstejn, Alexander Skrjabin, Sergej Prokofjew, Alexej Schtschussew und Ilja Ehrenburg fanden ebenfalls auf diesem malerischen Friedhof ihre letzte Ruhestätte. Auf dem Weg zurück zum Ausgang passiert man die einer wehenden russischen Flagge nachempfundene Grabstätte von Boris Jelzin, der im April 2007 verstarb. Ein paar Schritte weiter liegt Mtislaw Rostropowitsch, der bedeutendste Cellist des 20. Jh. Auch Raissa Gorbatschowa ist in seiner Nachbarschaft beerdigt. Auf dem am Eingang erhältlichen russischen Gräberplan sind knapp 200 Gräber eingezeichnet.

› Новодевичий монастырь (Nowodewitschij Monatyr), Nowodewitschij Projesd 1, Metro: Sportiwnaja (besser mit dem Bus 5 oder 15 ab Metro Kropotkinskaja), htpps://ndm-museum.ru, Tel. (499) 2453168, Areal: tägl. 8–18, Museen: Museen tägl. 9–17 Uhr, Eintritt: 3 €; Friedhof tägl. 9–18 Uhr; Messen Mo.–Sa. um 7.40 und um 17 Uhr und So. um 8.40 und um 18 Uhr; Friedhofseingang: Luschnetzkij Projesd 2

㊴ Sommerresidenz der Zaren in Kolomenskoje ★★★ [S. 142]

Kolomenskoje ist das beliebteste Ausflugsziel im Großraum Moskau. Im 16. Jh. beschloss der Zar, das 390 Hektar große, malerisch oberhalb einer Flussschleife der Moskwa gelegene Areal zu seiner Sommerresidenz zu machen. Der gigantische hölzerne Zarenpalast des Romanow-Zaren Alexej Michailowitsch aus dem Jahr 1667 wurde 2011 nach Originalentwürfen wieder aufgebaut.

Zu seiner Zeit galt er als „das achte Weltwunder", da das gigantische

Entdeckungen außerhalb

Ensemble ganz aus Holz und ohne einen einzigen Nagel gebaut worden war. Der von der Witterung arg in Mitleidenschaft gezogene Holzpalast verfiel, als St. Petersburg Hauptstadt wurde, Katharina die Große ließ ihn schließlich 1767 abreißen.

Die azurblauen Kuppeln der **Kirche der Gottesmutter von Kasan** glänzen selbst dann, wenn sie nicht von Sonnenstrahlen erhellt werden. Die 1660 zum Gedenken an den Kampf gegen die Polen errichtete Kirche ist ein frühes Beispiel des Moskauer Barock. Der überdachte Aufgang und das viereckige Refektorium sind typisch für diese Zeit. In dem sehenswerten Innenraum hängt eine Nachbildung der Ikone der Gottesmutter von Kasan, die den Russen 1612 bei der Vertreibung polnischer Truppen beigestanden haben soll. Ursprünglich war die Kirche unterirdisch mit dem großen Zarenpalast verbunden.

Die in der Ferne am Abhang auftauchende mittelalterliche **Christi-Himmelfahrts-Kirche** wurde nach dem Kreml und dem Roten Platz 1994 als dritter Ort in Moskau von der UNESCO zum Weltkulturerbe erklärt. Die 62 Meter hohe, 1532 erbaute Steinkirche verjüngt sich nach oben und versinnbildlicht die Himmelfahrt Christi. Sie ist die älteste steinerne Zeltdachkirche Russlands und wurde von unbekannten Baumeistern angelegt. Über einem kreuzförmigen Grundriss erhebt sich ein hohes Sockelgeschoss. Darüber folgt ein vom Zeltdach bedecktes Achteck. Das beengte Innere der Kirche ist durch die Mauerdicke von fünf Metern bedingt. Der Originalikonostas hat die stürmische Landesgeschichte nicht überlebt. Die als Gipfel russischer Baukunst geltende Himmelfahrtskirche wurde 2008 fertig restauriert.

› Коломенское (Kolomenskoje), Pr. Andropowa 39, Metro: Kolomenskaja (Ausgang in Fahrtrichtung, dann links durch die Unterführung, am Ende rechts weiter durch die Grünanlage parallel zur Hauptverkehrsstraße und 10 Minuten zu Fuß bis zum Haupteingang), www.mgomz.ru/kolomenskoe, Tel. (499) 6152768, tägl. 8–21 Uhr. Im Sommer hält jedes Ausflugsboot in Kolomenskoje. Vom Anleger geht es steil bergauf.

› Царьский дворец (Zarskij dworez), Zarenpalast, Metro: Kaschirskaja (das Areal ist riesig, aber der Palast liegt ganz in der Nähe dieser Metrostation!), www.mgomz.ru, Di.–So. 10–18, Kasse bis 17 Uhr, Einlass ab 10.30 Uhr alle 30 Min.

㊵ Allrussisches Ausstellungszentrum WDNH ★★★ [df]

Die 1923 ursprünglich noch auf Anregung Lenins geplante „Ausstellung der volkswirtschaftlichen Errungenschaften der UdSSR" (WDNH) wurde schließlich eine „Sowjetunion im Kleinen" mit landestypischen Pavillons, die die damaligen 16 Unionsrepubliken repräsentieren.

Nach dem Kriegsende 1947 sollte die Leistungsfähigkeit des Landes in einer Art Ideal-Sowjetunion vorgeführt werden, die 1954 wieder ihre Pforten öffnete. Der Pavillon der Ukraine erinnert an die Kornkammer der UdSSR, Kiefernzapfen schmücken den Pavillon Sibiriens, Aserbaidschans Pavillon präsentiert orientalische Palastarchitektur. Die traditionellen sowjetischen Symbole wie Flaggen, fünfzackige Sterne und Hammer und Sichel sind überall zu entdecken, sogar an Parkbänken und Mülleimern. Am Brunnen „Völkerfreundschaft" sitzt man in Lounge-Sesseln, im Winter befindet sich hier die zweitgrößte Eisbahn Russlands.

Nach einem Relaunch wartet das Areal jetzt mit **Miniatur-Moskau, Kletterpark, Aquarium (Moskwarium), Kinderbauernhof, Kosmos-Pavillon, Kino-Museum** (mit dem Arbeitszimmer von Sergej Eisenstein) und dem Historienpark („Russland – meine Geschichte") etc. auf und zieht die Moskauer in Scharen an.

Der Besuch lohnt vor allem im Sommer und ist ein Highlight für Sowjetnostalgiker. Das imposante **Denkmal „Der Arbeiter und die Kolchosbäuerin"**, von der Künstlerin Vera Muchina anlässlich der Pariser Weltausstellung 1937 entworfen, ist wieder da! Das gigantische Symbol des sozialistischen Realismus steht 300 Meter rechts neben dem Haupteingang und beherbergt in seinem Sockel Wechselausstellungen (s. S. 57).

› Всесоюзный выставочный центр (Wsesojusnyj wystawotschnyj zentr), Pr. Mira, Metro: WDNH, auf dem Gelände verkehren Busse und Caddys. Mietfahrräder sind eine gute Wahl. Http://vdnh.ru, Tel. 5443400, tägl. 24 Std., Eintritt frei, Miniatur-Moskau (www.maketmoskvy.ru) Di.–So. 10-20 Uhr, Kino-Museum (www.museikino.ru) Do.–Di. 12-21 Uhr (Pavillon Nr. 36, Bus 533). Das Raumfahrtmuseum (s. S. 56) befindet sich neben der Metro-Haltestelle vor dem Areal.

41 Zarenpalast Zarizyno ★★★ [S. 142]

Katharina die Große beschloss im Jahr 1775, sich am Stadtrand von Moskau eine zweite Zarenresidenz zuzulegen, die ähnlich pompös wie Zarskoje Selo bei St. Petersburg sein sollte. Sie erwarb das Gut auf den schön bewaldeten Hügeln in Stadtnähe, das einst Peter dem Großen gehört hatte.

Auf dem von ihr „Zarinnendorf" getauften Anwesen wollte sie mit ihrem Sohn Paul die Sommer verbringen. Sie ließ den bestehenden Gutshof abreißen und beauftragte den berühmten Architekten Wasilij Baschenow und später dessen Kollegen Matwej Kasakow mit dem Bau eines gigantischen Ensembles. Aus Finanznöten wurde der fantasiegotische Bau nie fertiggestellt – bis Bürgermeister Luschkow 2006 die Vollendung zur Chefsache machte. Zu der 550 Hektar großen Palastanlage zählen insgesamt 29 Architekturdenkmäler. Der Hauptpalast besteht aus zwei miteinander verbundenen Gebäuden. Im Park sind derzeit 80 russische Sehenswürdigkeiten im Maßstab 1:50 zu sehen („Miniatur-Russland"). Das Museum mit Ikonen, Porzellan, Kristallwaren und Fabergé-Eiern existiert seit 1984.

△ *Der ukrainische Pavillon des WDNH* 40 *ist stummer Zeuge einer anderen Zeit*

Entdeckungen außerhalb 49

In dem romantischsten Park Moskaus mit den unzähligen Brücken und Teichen gibt es im Sommer auch Konzerte, Snacks und *schaschlyki* (Schaschlik-Spieße mit Ketchup und Salat, die an offenen Feuerstellen im Park gegrillt werden.) Ein Besuch lohnt auch im Winter, wenn der Schnee den Palast in märchenhaftes Weiß taucht.

❯ Царицыно (Zarizyno), Dolskaja Ul. 1, Metro: Zarizyno (wahlweise Orechowo), 15 Minuten zu Fuß unter den Eisenbahnbrücken bis zum Eingang, an der Metro kann man auch Elektroautos mieten und damit das Areal erkunden, www.tsaritsyno-museum.ru, Tel. 3554844 (Konzertkarten). Park tägl. 6 – 24 Uhr, Ausstellungen Di. – Fr. 11 – 18, Sa/So. 11 – 20 Uhr

㊷ Peredelkino – Boris Pasternaks Wohnhaus ★★ [S. 142]

Von 1939 bis 1960 lebte der russische Literaturnobelpreisträger in dieser auf Befehl Stalins gebauten Datschensiedlung für verdiente Militärs und große Sowjetliteraten im Südwesten Moskaus.

In den 1920er-Jahren war Pasternak zu einem anerkannten Dichter avanciert, in den 30er-Jahren musste er sich aus ideologischen Gründen aus der Literatur zurückziehen und arbeitete als Übersetzer von Shakespeare, Kafka und Goethe. Ende der 1940er-Jahre begann er mit „Doktor Schiwago", einem Liebesroman mit autobiografischen Zügen vor dem Hintergrund der Revolution. Die unglückliche Liebe hat es in seinem Leben wirklich gegeben. Sie hieß Olga und war seine Lektorin. Sie lebte später in einer kleinen Datscha, unweit von Pasternak. Ein italienischer Journalist schmuggelte den Roman außer Landes, da er in der Sowjetunion nicht erscheinen konnte. Schon bald nach der Veröffentlichung in Italien 1957 wurde das Buch ein Welterfolg. Den Nobelpreis durfte Pasternak nicht annehmen.

Isaac Babel, Ilja Ehrenburg, Marina Zwetajewa und Alexander Solscheni-

◳ *In dem malerischen Zarenpalast ㊶ soll eine „Moskauer Eremitage" entstehen*

zyn verbrachten ebenfalls Zeit in diesem inspirierenden Umfeld. 1960 starb Pasternak schließlich in diesen Räumen, getrocknete Rosen bedecken das Sofa, auf dem er entschlief. Das Wohnhaus ist erst seit 1990, dem Jahr seines 100. Geburtstages, zu besichtigen. Manchmal empfängt Enkelin Natalja die Besucher. Boris Pasternak, seine Frau und sein Sohn sind auf dem kleinen Friedhof neben der Christi-Verwandlungs-Kirche auf dem Hügel begraben. Heute leben fast nur noch neureiche Russen in Peredelkino.

› Переделкино (Peredelkino), Pawlenko Ul. 3, Peredelkino, Elektritschka vom Kiewer Bahnhof (hier gleich Rückfahrticket kaufen!), 30 Minuten bis Peredelkino, dann 15 Minuten zu Fuß, www.goslitmuz.ru/museums/dommuzey-b-l-pasternaka, Tel. 9345175, Di.–So. 11–18 Uhr, Kasse bis 17 Uhr, am letzten Tag des Monats geschlossen, Ausflugsdauer ca. 4 Stunden

❹❸ Gorki Leninskije (Lenins Landsitz) ★★★ [S. 142]

32 Kilometer südlich von Moskau liegt, hoch über dem Fluss, das majestätische Anwesen, auf dem Wladimir Iljitsch Lenin seine letzten Lebensjahre verbrachte. Zu besichtigen sind das Gästehaus, das Haupthaus, Lenins Garage, das Lenin-Gedenkmuseum und der Kremlpavillon. Seit Eröffnung des Anwesens im Jahr 1949 haben knapp 13 Mio. Besucher aus 80 Ländern diesen magischen Ort besucht.

Der elegante weiß-gelbe Stuckpalast, das von Fjodor Schechtel 1909 renovierte Haupthaus, gehörte einst der Witwe des großen Mäzens Sawwa Mamontow. 1918 wurde das Areal verstaatlicht und in ein **Sanatorium für hochrangige Parteimitglieder** umfunktioniert. Lenin residierte nach dem Attentat 1918, das er schwer verletzt überlebte, mit seiner Frau und seiner Schwester im Gästehaus. Schon zu der Zeit gab es eine direkte Telefonverbindung in den Kreml. Nach mehreren Schlaganfällen lebte er bis zu seinem Tod 1924 im Haupthaus.

Über die Glasveranda gelangt man ins Vestibül, in dem die Uhren Lenins Todeszeit anzeigen. Die 4000 Bücher umfassende **Privatbibliothek** enthält Bücher in neunzehn Sprachen, neun konnte Lenin fließend lesen. In dem riesigen, mit Palmen begrünten **Wintergarten** steht noch der Filmprojektor, mit dem er sich Stummfilme ansah. Im **Esszimmer** im ersten Stock hängt eine „politische Landkarte Deutschlands", die Lenin in der Hoffnung aufgehängt hatte, von Deutschland möge die nächste Revolution in Europa ausgehen. Im angrenzenden **Schlaf- und Arbeitsraum** schrieb er 1923 auch sein Testament, in dem er verfügte, Stalin nach seinem Tod aus dem Amt des Generalsekretärs zu entlassen (Stalin erklärte das Testament später für ungültig). Im **Trauerraum** wird bis heute Lenins Totenmaske aufbewahrt. Am Tag nach seinem Tod wurde dessen Leichnam von hier nach Moskau ins Mausoleum gebracht.

Am Ende der Führung verlässt man das Haupthaus und wird zu Lenins Garage gegenüber geleitet. Hier steht gut erhalten und bewacht **Lenins Rolls-Royce**, der mit Schneeketten und Ski ausgerüstet und somit auch im Winter einsatzbereit war. Da es in Kriegszeiten kaum Benzin gab, wurde der Luxuswagen umgerüstet und mit Alkohol betrieben. Schneller als 40 km/h konnte er aus diesem Grunde nicht fahren.

Entdeckungen außerhalb 51

800 Meter weiter steht das gigantische, 1987 erbaute **Lenin-Museum** („Musej Lenina") – ein postmodernistischer, kubistischer Sowjetschrein erster Güte mit Lenins nachgebauter Kremlwohnung mitsamt dem Inventar seines Arbeitszimmers im Kreml. Selbst den Konferenztisch, die Bibliothek, viele Originaldokumente und die alten Telefone ließ Boris Jelzin im Jahr 1998 hierher verbringen. Die alten Karten an den Wänden zeigen Russland im Zentrum der Weltrevolution.

› Заповедник Горки Ленинские (Sapowednik Gorki Leninskije), Metro: Domodedowskaja, dann mit dem Bus 439 bis zur Station „Experimentalnaja Basa" weiter (ca. 20 Minuten, fährt einmal pro Stunde, alternativ fährt Bus 496), www.museum.ru/M446, Tel. 5489309, tägl. 10–18 Uhr (Kasse bis 17 Uhr). Man sollte die Nummer des Busses notieren und schon am Metroausgang einen Passanten nach dem richtigen Ausgang fragen. Ausflugsdauer ca. 3–4 Stunden. Unter https://bridgetomoscow.com/de/gorki-leninskije kann man eine Tour buchen und sich Fotos ansehen.

㊹ Sergijew Possad ★★ [S. 142]

Für die russische Bevölkerung ist das Sergios-Dreifaltigkeitskloster so etwas wie der russische Petersdom. Es handelt sich dabei um eine dem Kreml ähnliche Zitadelle mit Kirchenbauten verschiedenster Epochen in dem Städtchen Sergijew Possad, dem ehemaligen Sagorsk.

Sergios (Sergij) von Radonesch gründete das Kloster 1345. Die **Dreifaltigkeits-Kathedrale** wurde 1422 auf seinem Grab erbaut. Die Wände sind mit Fresken geschmückt, einige der Ikonen stammen von Andrej Rubljow, auch die berühmte „Troiza", die Ikone der Dreifaltigkeit. Das Original hängt in der Alten Tretjakow-Galerie in Moskau ㉕.

⌐ Lenins Landsitz ist nicht nur unter architektonischen Gesichtspunkten ein echtes Highlight

Entdeckungen außerhalb

Die **Kirche Johannes des Täufers** aus dem 17. Jh. ist durch ihre Fresken berühmt, die die Lebensetappen des heiligen Sergios darstellen. Die **Mariä-Himmelfahrtskathedrale** mit ihren fünf goldbesternten, blauen Kuppeln erinnert an ihr Pendant auf dem Kremlgelände. Sie wurde nach 26-jähriger Bauzeit 1585 auf Geheiß von Iwan dem Schrecklichen zur Feier seines Sieges über die Mongolen in Kasan eingeweiht. Der neben der Brunnenkapelle stehende 87 Meter hohe **Glockenturm** mit der goldenen Krone und dem großen Kreuz wurde 1769 nach fast 30-jähriger Bauzeit fertiggestellt und mit 42 Glocken ausgestattet. 72 Jahre lang schwiegen die Glocken. Das 1692 fertiggestellte **Refektorium** mit der Sergios-Kirche ist mit einer beeindruckenden vielfarbigen Fassade und weißen, mit Weinlaub verzierten Säulen der prunkvollste Bau. Peter der Große ließ das Refektorium als Dank für den Schutz, den das Kloster ihm gewährt hatte, für die Mönche errichten. Es hat Ähnlichkeit mit dem Facettenpalast im Kreml. In dem riesigen Festsaal fanden unter den Zaren zahlreiche Feierlichkeiten statt. Die **Heilig-Geist-Kirche** wurde 1476 erbaut. Unüblich sind nicht nur die Ziegel, sondern auch die mit Glasurkacheln verzierten Fassaden und der in die Kirche integrierte Glockenturm. Der Ikonostas im Innern der Kirche stammt aus dem Jahr 1866.

Die **Kirche der Gottesmutter von Smolensk** wurde in nur drei Jahren erbaut und 1745 als letztes Gotteshaus auf dem Gelände fertiggestellt.

Die gesamte Klosteranlage zählt zum **UNESCO-Weltkulturerbe**, und das nicht ohne Grund. Sechs Jahrhunderte russischer Baukunst sind auf diesem Areal zu bestaunen. 1408 wurde das Kloster von Mongolen fast vollständig zerstört. Abt Nikon, Sergios Nachfolger, ließ es wieder aufbauen. Knapp zweihundert Jahre später belagerten polnisch-litauische Truppen das Kloster sechzehn Monate lang. Es erwies sich als uneinnehmbar und wurde somit zu einem Symbol des Widerstands. Reiche Schenkungen verhalfen der Anlage im 17. Jh. zu einer Blütezeit. Peters Tochter Elisabeth verlieh dem Kloster den höchsten **Ehrentitel der orthodoxen Kirche: „Lawra"**.

Die Bolschewiken schlossen die Anlage 1920 und verbannten die Mönche in Straflager. Um auch die Stadt zu entweihen, wurde Sergijew Possad unter Stalin nach dem Revolutionär Wladimir Sagorskij 1930 in Sagorsk umbenannt. Der Patriarch von Moskau verlegte 1988 seinen Sitz jedoch in das Danilow-Kloster in Moskau. 1991 erhielt die Stadt ihren früheren Namen zurück. Heute finanziert sich das Kloster durch Landwirtschaft und Sponsorengelder aus der Wirtschaft. Das **Klostermuseum** zeigt Ikonen, Gold- und Silberarbeiten, Kunsthandwerk und Trachten sowie das Sargtuch des heiligen Sergios und zeichnet die bewegte Geschichte des Wallfahrtsortes nach.

› Сергиев Посад (Sergijew Possad), Metro: VDNH, weiter mit Bus 388 oder mit dem Jaroslawl-Express vom Jaroslawskij Woksal (Metro: Komsomolskaja), 1 Stunde Fahrt, Ticket aufheben, Magnetcode! An der Bahnstation Sergijew Possad steigt man am besten in eine Marschrutka (Kleinbus) und sagt einfach „Lawra", www.stsl.ru, Tel. 496 5405350. Das Kloster ist Di.–So. 10–18 Uhr geöffnet (Kasse bis 17.30 Uhr). Die Museen sind Mo. und Di. geschlossen. Ausflugsdauer ca. 4–6 Stunden.

MOSKAU ERLEBEN

Moskau für Kunst- und Museumsfreunde

Museen hatten in Russland immer eine andere Funktion als in Westeuropa. Die Ausstellung von Kunst zu pädagogischen Zwecken und zur Förderung der Allgemeinbildung stand im Vordergrund. Die Konfiszierung von privatem Kunsteigentum nach der Oktoberrevolution machte die Museen zu „Revolutionsprofiteuren" (Stefan Zweig).

Museen

㉕ **Alte Tretjakow-Galerie.** Die Sammlung des Textilmagnaten Pawel Tretjakow gelangte durch die Verstaatlichung privater Sammlungen zu ihrer heutigen Berühmtheit. Die Galerie beherbergt heute nahezu 100.000 Exponate, unter anderem fantastische Jugendstilgemälde von Michail Wrubel, Seestücke von Iwan Aiwasowski, russische Wälder von Iwan Schischkin, impressionistische Tableaus von Isaak Lewitan und die beste Ikonen-Sammlung Russlands (s. S. 32).

㊷ **Boris-Pasternak-Wohnhaus.** Eine Pilgerstätte war Boris Pasternaks Wohnhaus in der prominenten Datschensiedlung Peredelkino im Grüngürtel von Moskau schon in den 1960er-Jahren (s. S. 49).

㉜ **Bulgakow-Wohnhaus.** Auf den Spuren des russischen Jahrhundertromans „Meister und Margarita" taucht man hier in das Universum des großen Satirikers Michail Bulgakow, der in Kiew aufwuchs, Medizin studierte und später nach Moskau zog. Einen gewissen Hang zur Magie und eine Vorliebe für große schwarze Kater hatte er wohl schon immer (s. S. 38) ...

㉝ **Gorki-Wohnhaus.** Als eines der schönsten Beispiele für Moskauer Jugendstil gilt das imposante Wohnhaus, die frühere Villa Rjabuschinskij, entworfen von Fjodor Schechtel (s. S. 39), die ausgerechnet Maxim Gorki, dem Antibürgerlichen, zur Verfügung gestellt wurde. Die weiße Marmortreppe in Form einer gigantischen Welle fehlt in keinem Jugendstilführer (s. S. 38).

① **Historisches Museum.** Das größte russische Nationalmuseum direkt am Roten Platz lohnt einen Besuch, wenn man sich für die Geschichte und die verschiedenen Ethnien der Völker Russlands von den Anfängen bis 1900 interessiert (s. S. 14).

🏛8 [cj] **Jüdisches Museum,** Ul. Obraszowa 11, Metro: Marina Roschtscha, www.jewish-museum.ru, Tel. 6450550, So.–Do. 12–22, Fr. 10–15 Uhr. Nicht genug damit, dass es sich in der restaurierten Avantgarde-Bus-Garage befindet, es bietet eine eindrückliche interaktive Erfahrungsreise in die Welt des Judentums, die nach Auslegung der Thora seit fast 6000 Jahren existiert. Nach einem Exodus Ende der 1980er- und 1990er-Jahre leben heute noch ca. 180.000 jüdische Bewohner in Moskau.

㊱ **MAMM.** Das frühere „Haus der Fotografie" ist nach mehrjährigem Umbau ein luftiges Mekka für Fotoausstellungen und Video-Installationen geworden, das den Vergleich mit etwaigen Namensvettern auf anderen Kontinenten durchaus antreten kann (s. S. 43).

🏛9 [aj] **Mosfilm,** Mosfilmowskaja Ul. 1, Metro: Uniwersitet, (Trolleybusse 205 und 119 Richtung Uniwersitet oder in entgegengesetzter Richtung zur Metro

◁ *Vorseite: Die „Kioski" gibt es nur noch unter der Erde in den Metroeingängen*

Moskau für Kunst- und Museumsfreunde 55

Kiewskaja), offizielle Führung: Di./Do. 15, Fr. 13, Sa/So. 11 und 12 Uhr, Tel. (499) 1439599, www.mosfilm.ru. Die lange Tradition der Mosfilm-Studios macht diesen Ort zu einem einzigartigen Mekka für Filmfans. In der Sowjetzeit wurden bei Mosfilm etwa 2500 Filme gedreht. Nach einer langen Durststrecke bekam der Staatskonzern in den 1990er-Jahren mit einer neuen Generation von Filmemachern wieder Auftrieb. Vor allem die großen Serienverfilmungen russischer Klassiker für das Fernsehen haben den Mosfilm-Studios einen neuen Boom beschert. Zu sehen gibt es Kulissen, Oldtimer aller Epochen, auch Stalins Staatskarosse, Kamera-Equipment, alte Filmposter und eine aus Pappmaschee nachgebaute Straße des alten Moskau, in der noch heute Kostümfilme gedreht werden.

10 [C7] **Moskauer Stadtmuseum,** Subowskij Bul. 2, Metro: Park Kultury, www.mosmuseum.ru, geöffnet: Di., Mi. und Fr.–So. 10–20, Do. 11–21 Uhr. In den früheren Panzer-Garagen des Verteidigungsministeriums, unweit des Gorki-Parks, ist reichlich Platz für tolle Ausstellungen und imposante Installationen. Die Archive beherbergen ungeahnte historische Schätze. Auch das Art House Kino zieht die Besucher in Scharen an.

11 [dh] **Museum der Streitkräfte,** Ul. Sowjetskoj Armii 2, Metro: Dostojewskaja (am Theater vorbei und 20 Min. zu Fuß), www.cmaf.ru, Tel. 6816303, Mi.–Fr. 10–17, Sa./So. 11–19 Uhr. Imposant ist nicht nur das Gebäude. Russlands Militärgeschichte ab 1917 wird hier in atemberaubender Intensität nachvollzogen. Für deutsche Besucher am spannendsten: die 1945 auf dem Berliner Reichstag gehisste Siegesflagge der Roten Armee, der zersägte bronzene Reichsadler, der einst über dem Eingang der Reichskanzlei hing und ein Modell des ausgebrannten Reichstags. Im Shop gibt es harmlose Modellflugzeuge für Kinder. Besser so.

12 [aj] **Museum des Großen Vaterländischen Krieges,** auf dem Gelände des Park Pobedy („Siegespark"), Ul. Bratjew Fontschenko 10, Metro: Park Pobedy, www.poklonnayagora.ru, Tel. (499) 14242185, Di.–Do., So. 10–20.30, Fr./Sa. 10–21.30 (Kasse schließt um 20 bzw. 21 Uhr). Die Ruhmeshalle mit dem Gedenkdom ist an Sowjetkitsch kaum zu überbieten, aber gerade deshalb sehenswert. Der Siegespark im Westen von Moskau ist eine der größten und teuersten Gedenkstätten des Zweiten Weltkriegs mit einem umfangreichen Museums- und Denkmalskomplex, der 1995 fertiggestellt und rechtzeitig zum 50. Jahrestag des Sieges eröffnet wurde. Der alles überragende Obelisk mit dem Siegesengel ist 142 Meter hoch, jeweils zehn Zentimeter für einen Kriegstag. Zu seinen Füßen steht Georg der Drachentöter – der Schutzheilige Moskaus und Überwinder alles Bösen. Die gigantische,

Russisches Bauhaus in der Neuen Tretjakow-Galerie **21**

in einem Halbkreis angelegte Museumsanlage zeigt den Krieg, in dem nach letzten Schätzungen 27 Millionen Russen ihr Leben verloren, aus der Sicht der Sowjetunion. Auf Dioramen werden die großen Schlachten, die Belagerung Leningrads und die Eroberung Berlins nachgestellt.

13 [G6] **Museum des Kalten Krieges (ZKP Bunker Taganka)**, 5. Kotelnitscheskij Per. 11, Metro: Taganka, tägl. 10–22 Uhr, nur mit Anmeldung unter Tel. 5000553 oder (auf Russisch) online unter www.bunker42.com (Eintritt ca. 25 €). Hinter den grünen Toren mit dem roten Sowjetstern eröffnet sich das wohl imposanteste Relikt der Moskauer Unterwelt. Auf 7000 m² befindet sich hier in 60 Metern Tiefe die geheime sowjetische Kommandozentrale aus der Zeit des Kalten Krieges, genannt Bunker 42. Alte Kremltelefone, Schreibmaschinen und Leninbüsten sind zu bestaunen. Ein kurzer Film erläutert, wie real ein Dritter Weltkrieg seinerzeit war. In dem schummrigen, morbiden Tunnellabyrinth, das auch als Atombunker konzipiert wurde, hätten 3000 Menschen 90 Tage ohne Hilfe von außen überleben können, nicht zuletzt aufgrund der Verbindung zur (hörbaren) Metrolinie ...

30 **Museum für Moderne Geschichte Russlands** (früher Revolutionsmuseum). Dieses imposante klassizistische Gebäude beherbergt seit 1917 eines der spannendsten Museen der Stadt. In den schön renovierten Räumen taucht man in die bewegte Geschichte Russlands und vor allem die der Sowjetunion ein (s. S. 36).

27 **Neue Tretjakow-Galerie.** In diesem schmucklosen Kastenbau schlägt das Herz der russischen Avantgarde: Kasimir Malewitsch, Michail Larionow, Alexander Dejneka und Pawel Filonow sind die Schlaglichter. Aber auch weniger bekannte Stilrichtungen der russischen Kunst des gesamten 20. Jh. sind hier zu finden. Und Rodtschenkos Arbeiterklub als Nachbau (s. S. 33)!

9 **Palast der Bojaren Romanow.** Nikita Romanow errichtete das schönste Gebäude auf der Warwarka Ul. im 16. Jh. Als Michail Romanow 1613 zum Zar ernannt wurde, zog die ganze Familie in den Kreml, sodass der Bojarenpalast verwaist blieb. Nikolaus I. renovierte den Familiensitz und machte ihn 1859 der Öffentlichkeit zugänglich (s. S. 20).

35 **Puschkin-Museum der Bildenden Künste.** Nichtrussische Kunst aus russischem Privat- und Staatsbesitz wird in dem beeindruckenden klassizistischen Bau ausgestellt. In dem nach Alexander Puschkin benannten Museum von Weltrang sind französische Impressionisten, Niederländer aus dem 17. Jh., aber auch Vincent van Gogh, Paul Cézanne und der berühmte Schliemann-Schatz zu bewundern. Das Troja-Gold gilt als die kostbarste „Trophäe" russischer Beutekunst. In den Annex-Bauten gibt es temporäre Ausstellungen mit russischer Kunst zu sehen (s. S. 41).

14 [df] **Raumfahrtmuseum**, 111 Pr. Mira, Metro: VDNH, www.space-museum.ru, Di.–So. 11–19 Uhr, Tel. 6837968. Man sollte den Metro-Ausgang „Aleja Kosmonawtow" nehmen und an der Büste von Jurij Gagarin und anderen verdienten russischen Kosmonauten vorbeiflanieren. Der 100 Meter hohe, mehr als vierzig Jahre alte Obelisk aus glänzendem Titan weist den Weg. Im Sockel des Obelisken befindet sich das sehenswerte Raumfahrtmuseum, das sich über 8500 m² erstreckt. Neben den Modellen des ersten Sputnik-Satelliten und des Mondgefährts ist es vor allem das begehbare Modell der Orbitalstation „Mir" im Maßstab 1:1, das den Besucher staunen lässt. Nur die Apollo-Mission sucht man vergebens!

15 [ch] **Revolutionsdruckerei von 1905**, Lesnaja Ul. 55, Metro: Belorusskaja, www.museum.ru/M386 (mit virtueller

Tour), Tel. (499) 2516943, Di., Mi., Fr., So. 10–18, Do., Sa. 11–19 Uhr. Revolutionsgeschichte zum Anfassen bietet der kleine kaukasische „Fruchthändler Kalandadse", hinter dessen harmloser Ladenfassade und seit 1923 mit Plastikobst bestückter Vitrine sich eines der ungewöhnlichsten Museen der Hauptstadt befindet. In den Tagen der Revolution von 1905 wurden im Kellergewölbe, in das man über eine Holztreppe hinter der Theke gelangte, Flugblätter und Zeitungen auf einer amerikanischen Druckereimaschine hergestellt. Über der verborgenen Kellertür handelte der furchtlose georgische Händler mit Obst. In den Hinterzimmern führte die dreiköpfige Familie ein bescheidenes Leben.

㉑ ㉒ **Rüstkammer und Diamantenfonds des Kreml.** Das große Kremlmuseum ist eines der ältesten Museen Russlands und eines der reichsten der Welt. Die Schatzkammer aus dem 15. Jh. erfreut nicht nur Waffenfreunde, sondern vor allem auch

Die russische Freiheitsstatue

25 Meter hoch ist die monumentale, weltbekannte Skulptur „**Arbeiter und Kolchosbäuerin**", die die große russische Bildhauerin Vera Muchina nach einem Entwurf des Architekten Boris Iofan für die Weltausstellung 1937 in Paris schuf. Das mit Hammer und Sichel gen Himmel stürmende heroische Paar bekrönte dort den sowjetischen Pavillon. Direkt gegenüber, ebenfalls neben dem Eiffelturm, nahm sich der quadratische Turm Nazideutschlands mit der stilisierten Fassaden-„III" (für Drittes Reich) vergleichsweise eintönig aus. Nach mehrjähriger Restaurierung thront das eindrucksvolle, jetzt mit einer Titanschicht überzogene Symbol sowjetischer „Errungenschaften" auf einem neuen Sockel. In Wechselausstellungen wird die Geschichte der Skulptur immer wieder neu beleuchtet.

🚊16 [df] **Museum im Sockel der Skulptur „Arbeiter und Kolchosbäuerin"**, Pr. Mira 123 D, südlicher Eingang zum Allrussischen Ausstellungszentrum WWZ, Metro: VDNH, dann eine Station mit einer der Trambahnen hinter dem Weltraummuseum (nach rechts), www.museum.ru/m3225, Tel. 6459277, Di.–So. 11–21 Uhr (Kasse)

017mo Abb.: hmj

Liebhaber der einzigartigen Pretiosen der Juweliersdynastie Fabergé. Im Diamantenfonds sind die unschätzbar wertvollen Zarenjuwelen fein drapiert, aber verständlicherweise nur hinter Panzerglas zu sehen (s. S. 29 bzw. S. 30).

17 [D5] **Schtschussew-Architekturmuseum**, Wosdwischenka Ul. 5/25, Metro: Biblioteka imeni Lenina, Tel. 6900551, http://muar.ru, Di., Do. 13–21, Mi., Fr.–So. 11–20 Uhr, Eintritt: 4,50 €. Zweieinhalb Millionen Bilddokumente (Stiche, Drucke, Skizzen, Blaupausen, Fotografien) schlummern im Museumsarchiv, u. a. 300 Zeichnungen, Grafiken und Gemälde, die in den Kriegswirren aus der Bremer Kunsthalle hierher gebracht wurden, Iwan Leonidows mythische Zeichnungen vom Volkskommissariat für Schwerindustrie, eine Vielzahl von Modellen. Die Renovierungsarbeiten des weltweit ersten Architekturmuseums dauern seit einem Jahrzehnt an. Trotzdem finden spektakuläre Architekturausstellungen statt. Im „Ruinenflügel" (Eingang im Hinterhof) werden avantgardistische (Foto-)Ausstellungen bzw. Installationen effektvoll in die morbide Szene gesetzt.

39 Sommerresidenz der Zaren in Kolomenskoje. Der wiederaufgebaute Holzpalast von Alexej Michailowitsch aus dem 17. Jh. ist eine Mischung aus Riesenbanja, Versailles und Disney-Bojarenhof. Statt 240 hat er nun nur noch 24 Räume. Die sind aber mit Kachelöfen, Zarenbetten und Kandelabern so liebevoll wieder hergerichtet, dass sich der Besuch wirklich lohnt. Der Palast galt nicht umsonst seiner Zeit als „das achte Weltwunder" (s. S. 46).

37 Tolstoj-Wohnhaus. Das zu den schönsten Wohnhausmuseen Moskaus zählende Anwesen zeigt das Leben des berühmten Schriftstellers recht plastisch. Eine perfekte Zeitreise in die zweite Hälfte des 19. Jh. (s. S. 43).

Galerien und Ausstellungszentren

Die **Moskauer Kunstszene** ist und bleibt spannend, auch wenn der Markt nicht mehr so überhitzt ist wie in den 1990er-Jahren. Russische Künstler suchen Anschluss an die Kunsttrends in aller Welt, die Moskauer Szene zieht internationale Künstler an. Kunst findet heute nicht mehr nur in Museen, sondern auch in privaten Palästen oder alten Fabrikgewölben statt. Auf internationalen **Kunst- und Antiquitätenmessen** kaufen russische Interessenten russische Kunst aus dem Ausland zurück. Die Organisation **Smart Art** (https://smartart.ru) fördert russische Nachwuchskünstler. Aufsehenerregende **Messen** wie die „Cosmoscow", „Moskauer Fotobiennale"(2020, 2022) oder die „Moskauer Biennale für zeitgenössische Kunst" (s. S. 85) locken auch russische Exilkünstler in die Heimat zurück. Die **Fotokunst** feiert derzeit ein fulminantes Comeback (interessante Links: www.photounion.ru, www.glazgallery.com). Mehr Infos zu Ausstellungen gibt es unter https://ocula.com/art-galleries/russian/moscow-art-galleries.

Einen guten Blick hinter die Kulissen wirft das Heft „Salto mortale – Politik und Kunst im neuen Osteuropa" (www.zeitschrift-osteuropa.de/hefte/2019/5).

▷ *Eine riesige Auswahl an Büchern bietet der Garage Shop im gleichnamigen Zentrum*

Moskau für Kunst- und Museumsfreunde

18 [cg] **Chlebosawod Nr. 9 (Brotfabrik Nr. 9),** Nowodmitrowskaja Ul. 1, Metro: Dmitrowskaja, https://hlebozavod9.ru, geöffnet: tägl. 24 Std. Neben der früheren Glasbrennerei Flakon hat jetzt ein weiterer Hotspot eröffnet. Die kreisrunde Brotfabrik aus den 1930er-Jahren wurde stilgetreu saniert und bietet auf 20.000 m² Wohnungen, Geschäfte, Cafés und Galerien. Das Highlight ist der Concept Store Marsakow (www.facebook.com/marsakov.moscow), der viele angesagte russische Modemarken unter einem Dach vereint.

19 [cg] **Flakon,** Bolschaja Nowodmitrowskaja Ul. 36, Metro: Dmitrowskaja, www.flacon.ru, tägl. 10–24 Uhr. Die frühere Glasbrennerei „Flakon" ist aus ihrem Dornröschenschlaf erwacht. Sie ist jetzt ein Shopping- und Design-Eldorado für Zeitgeistsucher geworden. Im Charismas Show Room gibt es ausgefallene Klamotten aus russischer Produktion. Außerdem: Respublica-Filiale (s. S. 79), Cafés, Ausstellungen, Festivals, Märkte und ein XL-Street-Art-Gemälde mit Dutzenden gezückten Handykameras.

20 [D8] **Garage Center for Contemporary Culture,** Pavillon, Bookshop und Café im Gorki-Park, 9/32 Krymskij Wal, Metro: Park Kultury, dann weiter mit Bus 79, 10 oder B bis zur Station Park Kultury, http://garageccc.com, geöffnet: Mo.–So. 11–22 Uhr. In diesem luftigen, neuen, von Rem Koolhaas entworfenen Riegelbau zeigt die Ex-Gattin von Roman Abramowitsch moderne Kunst, manchmal auch aus ihrer eigenen Sammlung. Schon der Bookshop bietet alles, was es zu den Themen Kunst, Fotografie, Design und Architektur auf dem russischen Markt gibt.

23 **Schokoladenfabrik Roter Oktober,** Bersenewskaja Nab., Metro: Kropotkinskaja (dann hinter der Kathedrale über die Brücke), www.redok.ru, tägl. 24 Stunden. Das riesige Fabrikgelände der alten Schokoladenproduktionsstätte auf der „Goldenen Insel" mitten im Zentrum ist glücklicherweise nicht der Luxussanierung zum Opfer gefallen. Jetzt tummeln sich hier die Moskauer Hipster wahlweise im Strelka Insitute für Architektur und Design, in der Fotogalerie der Brüder Lumière (Mo. geschl.) … oder in einem der coolen Klubs.

Moskau für Genießer

21 [ei] **Winsawod**, 4. Syromjatnitscheskij Per. 1, Metro: Tschkalowskaja, Kurskaja, 15 Minuten zu Fuß, www.winzavod.ru, Tel. 9174646, Di.–So. 12–20 Uhr. Hier schlägt er: der Puls der Stadt. Moskaus erstes, zu einer Kulturfabrik umgestaltetes Areal liegt versteckt hinter dem Kursker Bahnhof. Der Weg dorthin führt durch unwegsames Gelände und eine schäbige Unterführung. In den luftigen Backsteinhallen der alten Weinfabrik logieren die prestigeträchtigsten Galerien für Moderne Kunst, wie etwa Fine Art, Galereja Artis oder XL Galereja, aber auch eine Filiale der Kette für Künstlerbedarf Peredwischnik (tägl. 9–21 Uhr), das Duftuniversum Cosmotheca und das Café Zurzum, in dem oft Kinofilme laufen. Ein Wohlfühlort!

Kunst unter freiem Himmel

Denkmäler spielen in Moskau eine besondere Rolle. Kein Platz ohne ein Schriftsteller-Denkmal, kein berühmtes Grab ohne eine Skulptur. Im **Skulpturenpark Muzeon** 26 trifft man gleich 600 alte Bekannte auf einmal. Die meisten wurden nach dem Ende der Sowjetunion unsanft vom Sockel gestürzt und haben sich zu unorthodoxen Grüppchen zusammengefunden.

Anfang der 2000er-Jahre kam das Phänomen **Street-Art** (s. S. 97) auf. Als Reminiszenz an **David Bowie** gibt es in der Pokrowka Ul. 16 (Metro: Tschistyje Prudy [G2]) ein Street-Art-Gemälde mit seinem Konterfei. Bowie war 1976 auf Tournee in Moskau. Unbedingt sehenswert ist das **Atrium** (s. S. 97).

▷ *In den oberen GUM-Etagen* 5 *gibt es kulinarische Vielfalt für wenig Geld*

Moskau für Genießer

„Das Haus beginnt in der Küche und die Küche am Ofen." Dem alten russischen Sprichwort kann man entnehmen, dass der *isba*, der russischen Ofenbank, immer schon eine große Bedeutung zukam. Die Opulenz einer russischen Tafel wird man so schnell nicht vergessen. Um den Wodka-Konsum einigermaßen unbeschadet zu überstehen, sollte man immer stilles (!) Wasser oder Saft parallel dazu trinken. Bier und Wein sind mittlerweile beliebter als Wodka.

Die russische Küche

Russische **Grundnahrungsmittel** sind Kartoffeln *(kartoschki)*, Kohl *(kapusta)*, rote Bete *(krasnaja swjokla)*, Knoblauch *(tschesnok)*, Zwiebeln *(luka)*, Eingelegtes *(marinowannye)*, Pilze *(griby)* aus russischen Wäldern, Getreidebrei *(kascha)*, Sauerrahm *(smetana)*, Magerquark *(tworog)* sowie Dill *(ukrop)* und Schwarzbrot *(tschornyj chleb)*. Letzteres ist eine echte Delikatesse. Es entspricht am ehesten unserem Roggenvollkornbrot und wird aus Sauerteig gebacken. Russische **Suppen** sind köstlich und haben eine lange Tradition. (Der Holzlöffel hielt auf der russischen Tafel 400 Jahre vor der Gabel Einzug.) Die noch am ehesten unserem Eintopf gleichenden russischen Suppen werden meist auf Fleischbasis gekocht und mit *smetana* (Sauerrahm) serviert. Sie sind daher durchaus sättigend. Die Rote-Bete-Rindfleisch-Suppe *(borschtsch)* ist ebenso beliebt wie die klare Kohl-Gemüse-Suppe *(schtschi)*. Auch die fisch- oder fleischhaltige Gemüsesuppe mit Tomaten, Salz und Limone *(soljanka)* schmeckt hervorragend.

Sollte man nach den reichhaltigen Vorspeisen *(sakuski)* und einer Suppe schon gesättigt sein, spart man sich einfach den ohnehin recht opulenten **Hauptgang**, der ohne Reis *(ris)* oder Kartoffeln *(kartoschki)* als Beilage zu Fleisch *(mjasa)* oder Fisch *(ryba)* nicht denkbar ist. Mit Fleisch oder Pilzen gefüllte Piroggen *(piroschki)* eignen sich auch als *sakuski*, kalt oder warm, als Beilage oder eben als Hauptgericht.

Boeuf Stroganoff ist nichts anderes als Rindergulasch mit saurer oder süßer Senf-Sahne-Sauce, Champignons und Getreidebrei *(kascha)*.

Frikadellen werden irreführenderweise *kotlety* genannt. Empfehlenswert sind die russischen Ravioli, genannt *pelmeni*. Das ursprünglich aus China (Dim Sum) stammende Leib- und Magengericht der Russen besteht aus mit Fleisch oder Fisch gefüllten Klößchen in Suppe oder Sauerrahm.

Zum **Dessert** gibt es eine kleine Auswahl sehr süßer Nachspeisen. Eis *(moroschenoje)*, Piroggen (Hefeteigtaschen mit Obst oder Marmelade), *watruschki* (Käsetörtchen) oder gefüllte Crêpes *(bliny)*.

Kulinarischer Tagesablauf

In den Moskauer Hotels wird ein internationales Frühstücksbüfett mit Brot, Butter, Kaffee, Marmelade, Wurst und Käse angeboten. Das echt russische **Frühstück** beinhaltet mindestens eine warme Eierspeise, meist auch *bliny* (Buchweizenpfannkuchen) und *kascha* (Brei), die in den großen Hotels ebenfalls mit dazugehören.

Das **Mittagessen** *(obed)* ist die abgespeckte Form des **Abendessens** *(uschin)*. In vielen Restaurants wird mittlerweile *Bisnes Lunch* (ein

günstiges Mittagsmenü) angeboten, manchmal in Form eines *swedskij stol* (Schweden-Tisch = Büfett).

Das **abendliche Dinner** beginnt wie das Mittagsmahl mit *sakuski*. Das sind eingelegte, kalte **Vorspeisen** wie Hering mit Zwiebeln, Fleisch in Aspik, Rote-Bete-Salat, eingelegte Gurken *(ogurzy)* und Pilze, Räucherwurst *(kolbasa)*, Lachs *(salmon)* und Käse *(syr)*. Dazu wird meist russisches Graubrot serviert und Wodka getrunken. Roter (salziger) und teurer schwarzer Kaviar *(ikra)* werden auch als Vorspeise mit Brot und Butter gereicht oder mit *bliny* und saurer Sahne, in jedem Fall aber ohne Zitrone, hart gekochte Eier oder Zwiebeln gegessen. Russische **Salate** sind keinesfalls eine leichte Vorspeise. Meist wird die Gurken-Tomaten-Basis mit Huhn, Schinken, Kartoffeln oder Eiern ergänzt und mit dem obligatorischen, noch immer sehr verbreiteten Majonäse-Dressing *(majonnes)* serviert. Wer keinen Dill mag, sollte *bes ukropa* bestellen.

Smoker's Guide

Rauchen war in Russland immer weit verbreitet, obwohl das Qualmen unter freiem Himmel erst 1865 offiziell erlaubt wurde. Seit 2016 ist das Rauchen in allen öffentlichen Gebäuden verboten. Demnächst will das russische Gesundheitsministerium ein **Anti-Rauch-Gesetz** verabschieden, dass Russen, die nach 2014 geboren sind, verbietet, Tabakwaren zu kaufen, in der Hoffnung, dass sich das Problem in einigen Jahren von selbst erledigt.

Gastro- und Nightlife-Areale
Bläulich hervorgehobene Bereiche in den Karten kennzeichnen Gebiete mit einem dichten Angebot an Restaurants, Bars, Klubs, Discos etc.

Spezialitäten aus dem Kaukasus und Zentralasien

Vor allem die georgische und die usbekische Küche gelten als außerordentlich lecker. Die georgische Küche mit den bekannten *chatschapurij* (mit Schafskäse gefüllte Hefeteigbrote) und *schaschliki* (Spieße) und die aserbaidschanischen *chinkali* (gefüllte Teigtaschen) sollte man sich nicht entgehen lassen. Usbekische *pelmeni* heißen *manty* und werden im Gegensatz zum russischen Original nicht gekocht, sondern gedämpft und mit Joghurt serviert. Moskau sollte man auch nicht verlassen, ohne vorher den usbekischen *plow* (Reis mit Hammelfleisch), bekannt als Pilaw-Reisgericht) probiert zu haben.

Hervorhebenswerte Lokale

Restaurants

22 [D4] **Akademia** €€, Kamergerskij Per. 2/1, Metro: Ochotnyj Rjad, www.acade miya.ru, Tel. 6929649, Mo.-Fr. 8-24, Sa./So. 11-24 Uhr. Seit 2008 backt Luigi in diesem charmanten Restaurant gegenüber dem MCHAT-Theater mitten im Stadtzentrum leckere Pizzen. Das Interieur ist italienisch, man wähnt sich überall, nur nicht in Moskau. Dennoch ist diese Filiale ein Lieblingstreffpunkt der Moskowiter. Netter Service, Tagesmenüs und westliche Großstadtpreise.

23 [D6] **Bar Strelka** €€, Bersenewskaja Nab. 14, Metro: Kropotkinskaja, www. barstrelka.com, Tel. 7717416, Mo.-Mi. 9-24, Do./Fr. 9-3, Sa. 12-3, So. 12-24 Uhr. Direkt unterhalb der Patriarschij-Brücke liegt eine der schönsten Sonnenterrassen der Stadt. Auch von innen hat man einen wunderbaren Blick auf die Christ-Erlöser-Kathedrale am gegenüberliegenden Ufer. Streng genommen ist die Bar ein Café-Restaurant, in dem jedes Tellergericht und jeder Espresso exzellent schmecken. Normale Großstadtpreise. Die Internetpioniere von Digital October trifft man hier ebenso wie die Tänzer des Bolschoj-Theaters und andere Geschöpfe der Nacht aus ganz Moskau. Toller Bookshop am Eingang.

24 [E3] **Baraschka** €€€, Ul. Petrowka 20/1 (Eingang Petrowskije Linii), Metro: Puschkinskaja, Tel. 6252892, tägl. 11 Uhr bis zum letzten Gast (Küche schließt um 24 Uhr). Chic und edel ist das Interieur dieses aserbaidschanischen Ablegers der Nowikow-Restaurants. Die Auswahl an kaukasischen Spezialitäten ist groß. Ein Hauptgericht wie etwa Hammelfleischfilet mit grünem Salat kostet ab 10 Euro. Der obligatorische kaukasische Tee mit Thymian kann im „Lämmchen", einem eher reduzierten, landesuntypischen Ambiente ohne Schnick-

25 [D4] **Dr. Schiwago Grand Café** €€-€€€, Mochowaja Ul. 15/1, Metro: Ochotnyj Rjad, Tel. (499) 9220100, www.drzhivago.ru, tägl. 24 Std. geöffnet. Alexander Rappaport ist ein russischer Stargastronom, dem mit diesem „Grand Café" ein Geniestreich geglückt ist. Im ehrwürdigen Hotel National mit Blick auf den Kreml serviert er Landesküche für Freunde der Russischen Avantgarde. Im streng rot-weißen Ambiente erwarten den Gast neben Gaumenfreuden stilisierte Kunstwerke von Kasimir Malewitsch, Kusma Petrow-Wodkin und Alexander Dejneka. Dabei kostet ein Durchschnittsmenü nicht mehr als 2000 Rubel. Man trifft hier nicht nur Touristen, sondern auch viele Einheimische. Am Wochenende unbedingt reservieren.

26 [G5] **Expedizija** €€€, Pewtscheskij Per. 6 (von der Metro 15 Minuten zu laufen), Metro: Kitaj-Gorod, http://expedition.website, Tel. 9179510, tägl. 12 Uhr bis zum letzten Gast. Von den Expeditionen in die unendlichen Weiten Sibiriens hat das nebenbei als Veranstalter von Exkursionen fungierende Team nicht nur einen echten Hubschrauber, in dem VIP-Gäste speisen dürfen, sondern auch wunderbare Rezepte und sibirische Bäume mitgebracht. Als Amuse-Gueule gibt es warmes Schwarzbrot mit Dip. Geräuchertes Rentierfleisch ist nur eines der köstlichen Hauptgerichte (10 €). Herzliche Bewirtung, schöne Musik. Zu den exquisiten Fisch- und Fleischgerichten gibt es selbstverständlich Wodka … und danach kann man in der angeschlossenen Banja entspannen. Es gibt auch einen Shop mit Spezialitäten.

100 Gramm Wodka

Schon im Jahr 988 wurde der Großfürst Wladimir von Kiew mit dem Ausspruch zitiert: „Trinken ist das wichtigste Vergnügen der Russen. Wir können nicht anders." Das Abstinenzgebot im Islam soll ihn letztlich bewogen haben, den orthodoxen Glauben als Staatsreligion zu wählen. Seit dem 15. Jahrhundert wird in Russland jenes vierzigprozentige Gebräu aus Weizen, manchmal auch aus Roggen destilliert, das das Schicksal der Russen nachhaltig bestimmen sollte: der Wodka, abgeleitet von dem Wort „woda" (Wasser). Vom Ende des 18. Jahrhunderts bis zur Antialkoholkampagne unter Gorbatschow machte der Anteil der Spirituosensteuer fast ein Drittel der Staatseinnahmen aus. Auch unter Stalin hielt „die Verstrickung des Staates in die Zwangsalkoholisierung der Bevölkerung" (Sonja Margolina) an. Im Krieg gegen Hitler-Deutschland ordnete Stalin eine Tagesration von „100 Gramm" für jeden Frontsoldaten an. Wodka wird heute noch in Gramm bemessen. Jelzin schaffte schließlich das staatliche Alkoholmonopol ab.

Heute erlebt die Wodkaproduktion eine Renaissance. Wodka wird pur in großen Wassergläsern getrunken, ab dem zweiten Glas darf man nippen. Wodkagläser werden immer kollektiv gehoben. Trinksprüche sind von großer Wichtigkeit, auch von Ausländern wird ein Toast erwartet. „Sa sdorowie" („auf die Gesundheit") ist der selten gewordene Klassiker. „Sa druschbu" meint offiziell „auf die Freundschaft", unter Insidern „auf die Korruption".

Preiskategorien

Preis für ein Hauptgericht ohne Getränk

€	bis 4 €
€€	4–8 €
€€€	8–15 €
€€€€	15–25 €

27 [D6] **Il Patio** €€, Wolchonka Ul. 15, Metro: Kropotkinskaja, https://ilpatio.ru, Tel. (499) 6660400, Mo.–Fr. 8–24, Sa./So. 10–24 Uhr. Pizza, Pasta und Espresso in der Filiale direkt neben der Christ-Erlöser-Kathedrale. Hier kann man die geistigen und die Handy-Akkus wieder aufladen, hat Platz und einen herrlichen Blick. Einladend und unangestrengt, aber auch nicht ganz billig. Köstlicher Caffè Latte!

28 [E3] **Jagannath (1)** €, Kusnezkij Most 11, Metro: Kusnezkij Most, www.jagannath.ru, Tel. 6283580, tägl. 10–23 Uhr. Eines der nettesten vegetarischen Selbstbedienungsrestaurants der Stadt eignet sich auch für die Mittagspause. Leckeren Plow, Grillgemüse oder Karottenpasta muss man auf dem Tablett in den orientalisch anheimelnden hinteren Teil balancieren. Köstliche Salate gibt es für ca. 1,50 € à 100 Gramm. Der Ingwerdrink kostet nur 2 € und ist wie alle anderen (sehr süßen) Süßspeisen eine Sünde wert. Eine echte Oase! Inzwischen gibt es mehrere Ableger, darunter diesen hier:

29 [C1] **Jagannath (2)** €, 1-aja Twerskaja Jamskaja Ul. 13, Metro: Majakowskaja, tägl. 9–23 Uhr

30 [E3] **Lawkalawka** €€, Petrowka Ul. 21, Metro: Trubnaja, http://restoran.lavkalavka.com, Tel. (962) 3692641, Mo.–Sa. 10–22, So. 10–20 Uhr. Der Trend hin zu regionaler und saisonaler Küche in Russland ist nicht neu. Die Sanktionen gegen Russland haben die heimischen Bauernhöfe jedoch zu Höchstleistungen angetrieben ... und jetzt gibt es diese schöne Restaurantkette mit tollen Produkten. Die Kultläden (es gibt inzwischen sechs Filialen) sind mit einem Shop („Lawka") verbunden, in dem man sicher auch das eine oder andere Mitbringsel findet.

31 [C3] **Mari Vanna** €€, Spiridonjewskij Per. 10, Metro: Puschkinskaja, www.marivanna.ru, Tel. 6506500, tägl. 9–23 Uhr. *Back in the USSR* ... Nachdem man auf die Klingel Nummer 10 gedrückt hat, öffnet sich eine gewöhnliche Haustür und man steht mitten in einer Privatwohnung, die eine Mischung aus lettischer Fischerhütte, Antiquariat und Datscha zu sein scheint. Weiße Holzregale schaffen an jedem Tisch intimes Ambiente. Echt retro sind die Plastikblumen, die Tischdecken, die Fernseher (mit Sowjetfilmen) und die russische Hausmannskost der 1960er-Jahre. Nur auf der Rechnung sucht man die Nostalgie aus Sowjetzeiten vergeblich ... Ein Erlebnis!

32 [D3] **Menza** €€, Bol. Dmitrowka Ul. 32, Metro: Kusnezkij Most/ Teatralnaja, www.menza-lapsha.ru, Tel. 6503240, tägl. 11–24 Uhr. Die seinerzeit erste Nudelbar in Moskau gehört zu einer kleinen, feinen japanischen Kette, die mit modernem Ambiente, bester Qualität und günstigen Preisen Jung und Alt zu jeder Tageszeit verwöhnt. Auch super Dim-Sum. Die Nudeln sind XXL, denn in Japan gilt: Je länger die Nudel, desto länger das Leben! Business Lunch von 11 bis 17 Uhr. Asiatisch-flinker Service und frisches Gemüse.

› **O2 Lounge** €€€, im Ritz-Carlton (s. S. 122), www.ritzcarlton.com, Tel. 2258888, tägl. 12–2 Uhr. Ein außergewöhnliches Fleckchen ist die gläserne Lounge bzw. Terrasse mit Blick über den gesamten Roten Platz. Tagsüber kann man sich in den gemütlichen Riesenmöbeln auch einfach ausruhen. Bekannt ist das Restaurant vor allem für Fisch- und Kaviargerichte. Dazu gibt es eine gefühlt drei Meter lange Weinkarte und leckere Cocktails ...

🚫33 [F8] **Obolomow** €€€, 1. Monetschikowskij Per. 5, Metro: Dobryninskaja, http://restoblomov.ru, Tel. 9536828, tägl. 10–23 Uhr. Der lethargische Fürst Oblomow hätte seine helle Freude an dieser Stadtvilla gehabt. Ohne sich großartig vom Fleck zu bewegen, hätte er wahlweise im blauen Saal, im Kaminzimmer oder im lauschigen Innenhof altrussische Spezialitäten genießen können. Als Hauptgericht hätte er sicher „Oblom Off", Rinderlendenfilets in Sahnesauce mit Beilage (ca. 20 €), bestellt. Danach „Zarentee" mit Cognac oder „Smej"-Tee mit Chrysanthemenblüte zu Beerenstrudel und Klaviermusik ... Das 19. Jahrhundert lässt grüßen!

🚫34 [D3] **Puschkin** €€€€, Twerskoj Bul. 26a, Metro: Puschkinskaja, www.cafe-pushkin.ru, Tel. 7390033, tägl. 24 Stunden, Reservierung unbedingt zu empfehlen! Erstklassige russische Küche und echtes Puschkin-Bohème-Feeling des vielfach ausgezeichneten Restaurants ziehen Touristen ebenso an wie Moskauer. Man mag kaum glauben, dass das Stadtpalais eine Kopie seines Vorgängers aus dem 19. Jh. ist, so stilecht wirken die Fassade und das Interieur der beiden unterschiedlich gestalteten Etagen. Die „Apotheke" unten ist ebenso sehenswert und liebevoll rekonstruiert wie die mit echten antiken Büchern bestückte „Bibliothek" im ersten Stock. Zu jeder Tages- und Nachtzeit fühlt man sich wie in einem alten russischen Kinofilm, bestens umsorgt von den perfekt Englisch sprechenden Kellnern in Originaltracht. Ein Hauptgericht, etwa mit Pilzen gefüllte Pelmeni, kostet ab 15 €, auch die Weinkarte ist exzellent. Überbackener Stör ist kostspieliger, dazu gibt es den typisch russischen Rote-Bete-Salat.

🚫35 [D2] **Scenario** €€–€€€, Twerskaja Ul. 22b, Metro: Twerskaja, Puschkinskaja, http://scenario-cafe.ru, Tel. (499) 4041175, Mo.–Fr. 9–24, Sa./So. 11–24 Uhr. In stimmungsvollem Ambiente werden leckere italienische und russische Gerichte liebevoll zubereitet und serviert. Man sitzt in einem der drei hohen Räume einer alten Stadtvilla und hat viel Platz. Das liegt auch daran, dass jeder Gast in einem gemütlichen bunten Sessel oder auf einem Sofa Platz nimmt. Am Wochenende muss man früh hier sein, das russische und das französische Frühstück sind stadtbekannt und sehr zu empfehlen.

🚫36 [bi] **Sixty** €€€, Presnenskaja Nab. 12, Metro: Delowoj Zentr, https://sixtyres

> *Dr. Schiwago (s. S. 63) bietet 24 Stunden täglich neue russische Küche*

taurant.ru, Tel. 6538369, tägl. 12–24 Uhr. Im 62. Stock des (einen der beiden) Federation Towers in Moscow City (s. S. 100) ist man dem Himmel ganz nah. Der Blick ist spektakulär. Das raffinierte Spiel mit echten Baumstämmen und fliegenden Lampions bei einer Raumhöhe von 25 Metern ist genauso faszinierend wie die russischen Köstlichkeiten und der zuvorkommende Service. Die Restaurantpreise sind zuletzt gestiegen, aber man kann auch nur einen Drink oder einen Kaffee wählen. Paradiesisch, man möchte nicht wieder aufstehen ...

37 [D6] **Spezbufet Nomer 7** €€, Ul. Serafimowitscha 2 (im Haus am Ufer im Innenhof), Metro: Kropotkinskaja (dann über die Fußgängerbrücke hinter der Christ-Erlöserkathedrale), www.specbufet.ru, Tel. 9593135, tägl. 12–24 Uhr. Hinter der abweisenden Fassade des mythenumrangten „grauen" Hauses am Ufer, das jahrelang eine bevorzugte Wohnadresse für Stalin-Treue war, finden Sowjetnostalgiker diese Retro-Keller-Oase mit Originalpostern an den Wänden und authentischer russischer Küche. Auf Hammer- und Sichelporzellan werden „Huhn Clara Zetkin" oder „Steak Proletariertraum" serviert. Alles zu „demokratischen" Preisen. Patriarch Kyrill kommt auch öfter des Weges, er wohnt im vierten Stock links.

38 [E4] **Strana kotoroj njet** €€, Ochontyj Rjad ul. 2, Metro: Ochotnyj Rjad, http://www.novikovgroup.ru, Tel. 2597080, Mo.–Do. 10–24, Fr. 10–1, Sa. 12–1, So. 12–24 Uhr. Dinar Sajtow bietet im „Land, das es nicht gibt" usbekische, georgische, panasiatische und russische Gerichte zu zivilen Preisen an. Dabei legt er Wert auf gesundes und frisches Essen. Die Veranda mit Blick auf das Bolschoj-Theater ist unschlagbar. Allerdings ist es in den anderen Räumen relativ laut und zuweilen sieht man sein Gegenüber vor lauter Shisha-Rauch nicht mehr. Dafür gibt es eine traumhafte Dessertauswahl.

39 [E3] **Technikum** €€–€€€, Bol. Dmitrowka 7/5, Metro: Ochotnyj Rjad, https://tehnikumbistro.ru, Tel. (499) 1367336, tägl. 9–24 Uhr. Dmitri Aske zeichnet für das riesige Mosaik verantwortlich, auf dem der Chefkoch Wladimir Muchin zu sehen ist, wie er seine Super Bowls anpreist. Die sind das eigentliche Highlight, auch wenn man die vegetarischen Burger, die Quinoa-Salate oder das Ingwerhähnchen auch vorbehaltlos empfehlen kann. Das Lokal liegt mitten im Theaterviertel und zieht daher viele Theaterbesucher und Sternchen an. Großes Kino, wundervolle Einrichtung und im Sommer Plätze auf dem Gehsteig.

Teeklubs

Tee *(tschaj)* hat in Russland eine **lange Tradition.** Er kam Mitte des 17. Jh. aus China über die Seidenstraße nach Russland. Bis zur Revolution 1917 galt Tee als elitäres, teures Getränk, das sich nur Kaufleute und die Entourage des Zaren leisten konnten. Seit Ende der 1990er-Jahre erlebt der Tee eine Art Wiedergeburt. Er wird in Russland meist schwarz getrunken und mit einer Zitronenscheibe serviert. Häufig wird *tschaj* anstatt mit Zucker mit **warenje** (Konfitüre) gesüßt. Pflichtprogramm für Teeliebhaber ist das Teehaus Tschaj-Kofe (s. S. 83).

40 [F2] **Schelesnyj Feniks,** Roschdestwenskij Bulwar 19 (durch den Bogen, dann links, graue Tür), Metro: Tschistye Prudy, http://clubcha.ru, Mo.–So. 12–23 Uhr, Tel. 7218996. Zwischen 13 und 23 Uhr kann man hier eine echte chinesische Teezeremonie erleben. Auch wenn es etwas eng ist, kann man sich wie zu Hause fühlen, vorausgesetzt, man mag hochflorige Teppiche und Räucherstäbchen. Chi-

Moskau für Genießer 67

nesischer Tee (etwa Pu Erh mit Mandarine) erfreut den Gaumen, das zauberhafte Service steht zum Verkauf. In dem Bibliothekszimmer am Eingang kann man in der Stalin-Biografie lesen oder in esoterischen Taschenbüchern das eigene Karma erkunden.

◐41 [C2] **Tschaichona Nomer 1,** Puschkinskaja Ploschtschad 2, Metro: Twerskaja, Puschkinskaja, https://chaihona.ru, Tel. 2340233, tägl. 10.30–6 Uhr. Im Erdgeschoss dieser geräumigen, orientalisch-farbenfroh eingerichteten Filiale der zentralasiatischen Teehauskette befindet sich das Café-Restaurant mit einer riesigen Auswahl an Kebab-Spezialitäten (ab 5 €). Im ersten Stock lümmelt man sich im Chillout-Bereich bei einer Wasserpfeife in die Sofas. Hier kann man Stunden verweilen, je nach Publikum ist es manchmal laut. Unten gibt es ein Bälleparadies für Kinder.

Selbstbedienungsrestaurants, Imbisse

◐42 [D2] **Grabli** €, Twerskaja Ul. 18, Metro: Puschkinskaja, www.grably.ru, Tel. 6500498, Mo.–Fr. 7.30–23, Sa./So. 9–23 Uhr. Russische Köstlichkeiten wie Bliny, Borschtsch und Olivier-Salat am herrlich appetitlichen Büfett zu kleinen Preisen in einem untouristischen, immer gut besuchten Selbstbedienungsrestaurant. Dazu frische Säfte und Weine. An Wochenenden und Feiertagen läuft manchmal russische Marschmusik aus der Konserve! Filiale in der Pjatnizkaja Ul. 27, Metro: Nowokusnezkaja, in der Nähe der Tretjakow-Galerie. Spektakuläre XXL-Filiale im Kinderkaufhaus CDM (s. S. 21)!

◐43 [E3] **Kamtschatka** €, Kusnezkij Most 7, Metro: Teatralnaja, Kusnezkij Most, http://kamchatka-rest.ru, Tel. 6248825, Mo.–Fr. 12–1, Sa. 12–6, So. 12–6 Uhr. Der Inhaber des Vogue Café nebenan hat diesen sowjetischen Retro-Imbiss hinter dem Bolschoj-Theater aufgemacht und kann sich vor Gästen kaum retten. Für wenig Geld gibt es in Gramm abgewogen russische Hausmannskost (Salate, Blinys, Gurken) und unglaublich günstiges Bier von der Theke, Barhocker und Holzstühle. Live-Retro-Musik ab 21.30 Uhr. Hoher Kultfaktor!

◐44 [E3] **Karawajewi (1)** €-€€, Neglinnaja Uliza 16a, Metro: Kusnezkij Most, http://karavaevi.ru, Tel. 7908597, geöffnet: tägl. 8–23 Uhr. Die Zwillingsbrüder Karawajewi erobern mit ihren hausgemachten Köstlichkeiten wie Kiewer Kotelett oder gefüllten Paprika die Metropole. Dabei setzen sie auf regionale Backwaren, Salate und Snacks, die man sich in den coolen Läden hinter moderner Holzfassade auf der Zunge zergehen lassen kann. Kult ist das Frühstück: Cappuccino mit Quarkpuffern. Auch zum Mitnehmen. Ableger:

◐45 [C2] **Karawajewi (2)** €-€€, 3-aja Twerskaja Jamskaja 15/14, Metro: Twerskaja

◐46 [B7] **Karawajewi (3)** €-€€, Ul. Timura Frunse 11 (Seite 69), Metro: Park Kultury, Tel. 7908584, tägl. 8–23 Uhr. Ein Ableger der über zwanzig Filialen umfassenden Kette der beiden kochenden russischen Brüder hat die coole Location des Correa-Cafés in der Nähe von Tolstojs Wohnhaus ㊲ übernommen. Die regionalen und Bioprodukte werden täglich frisch an der Theke zubereitet und zusammen mit leckeren Smoothies oder Kaffee angeboten. Mit Veranda!

❯ **Kroschka Kartoschka** €, Teatralnyj Projesd 5 (im CDM, s. S. 21), Foodcourt im 5. Stock, www.kartoshka.com, tägl. 10–22 Uhr. Mit großem Abstand ist dies die gesündeste Fast-Food-Variante der russischen Küche. Eine Ofenkartoffel wird vor den Augen des erstaunten Touristen zerteilt und mit Butter und Käse vermengt. Dann darf man wählen: ein-

gelegte Pilze, Würstchenscheiben in Senfsauce, Fleischsalat, Hering etc. Ein Snack, der auch das Herz der Autorin höher schlagen lässt.
- **47** [E3] **Prime** €, Bolschaja Dmitrowka 7, Metro: Ochotnyj Rjad, Tel. 6642363, www.prime-star.ru/cafes, Mo.–Fr. 7–23, Sa./So. 8–23 Uhr. Das russische Pendant zu der britischen Erfolgskette „Prêt-à-manger". Für die verpackten, immer frischen Sandwiches, Salate, Wraps und Sushi zahlt man ab 4 €. Von den in der beheizten Theke zu findenden köstlichen Piroggen sollte man „s gribami" (mit Pilzen) mindestens einmal probieren. Daneben gibt es aber auch Waldbeeren, Fisch oder Huhn mit Oliven. Die Salate sind lecker, aber klein und teuer. Der Trinkjoghurt eignet sich prima als Nachtisch.

> **EXTRATIPP**
>
> **Studentencafé**
> Eine neue Generation des Internetcafés kam zeitgleich mit dem „russischen Frühling" in die Hauptstadt. Am Eingang bekommt man einen Wecker, ein WLAN-Kennwort und so viel Caffè Latte, wie man möchte. Dazu gibt es selbstgebackene Kekse. Zeit ist hier Geld, bezahlt wird nach Minuten (12 Rubel pro Minute). In einer Privatwohnung mit mehreren Zimmern lümmeln sich die meist studentischen Gäste mit ihren Laptops auf den Sofas. Ob sie eine Revolution planen, wird nicht klar. Unklar bleibt auch, wie sie mit dem Konzept finanziell überleben wollen ...
> - **52** [D3] **Ziferblatt**, Twerskaja Ul. 12 (letzte Tür vor dem Gerüst, Klingel mit Zifferblattsymbol, dann sagt man „Zifferblatt" und geht in den ersten Stock), Metro: Twerskaja, Puschkinskaja, http://pushkin.ziferblat.net, tägl. 10–24 Uhr

- **48** [C6] **Teremok** €, Gogolewskij Bul. 3, Metro: Kropotkinskaja, http://teremok.ru, Tel. 9562730, geöffnet: tägl. 9–22 Uhr. Blinys in allen Ausführungen, ob salzig oder süß. Für einen kleinen Snack zwischendurch, wie etwa die köstlichen Bliny „E-Mail" mit Pilzen (s gribami) und Käse (s syrom) in einem der überall im Stadtgebiet zu findenden kleinen Lokale. Dazu kann man den klassischen russischen Kwas trinken. Die russische Kult-Kette ist weiter auf Expansionskurs. Eine neue Filiale gibt es im CDM (s. S. 21).

Cafés
- **49** [E4] **Bosco Café**, Krasnaja Pl. 3 (im GUM), Metro: Ochotnyj Rjad, Ploschtschad Rewoluzii, www.bosco.ru, Tel. 6600550, geöffnet: tägl. 10–22 Uhr. Vor allem im Sommer kann man sich auf der Terrasse in Moskau kein schöneres, stilvolleres und zentraleres Plätzchen für einen Kaffee vorstellen. Die Aussicht auf den Roten Platz und das Lenin-Mausoleum ist einzigartig. Da kann der Latte Macchiato auch schon mal 5 € kosten. Kleine Salate und ein herrliches Kuchenbüfett ziehen junge, gut gekleidete Russen und Touristen gleichermaßen an. Allerdings sollte man sich einen Platz in der Sonne suchen und eine große Sonnenbrille mitbringen. Die Atmosphäre ist etwas unterkühlt.
- **50** [C6] **Chleb & Co.**, Ul. Ostoschenka 3, Metro: Kropotkinskaja, www.x-co.ru, Tel. 6952731, tägl. 8–22 Uhr. Der Sohn des bekannten russischen Filmregisseurs Nikita Michalkow, Stepan, hat die Gastronomieszene der Stadt bereits um viele Facetten bereichert. In dieser Bäckerei gibt es unfassbare Köstlichkeiten, auch zum Mitnehmen. Tartes, Mohnschnecken, Vollkornbrot, Rosinenbrötchen oder Käsestangen – alles ist hausge-

macht und frisch und die Auswahl ist groß! Eignet sich gut für eine Leckerei „to go" nach dem Besuch des Puschkin-Museums.

◯51 [F4] **Coffeemania (1),** Mal. Tscherkasskij Per. 2/6, Eingang Nowaja Pl. 6 (direkt an der Metro), Metro: Lubjanka, www.coffeemania.ru, Tel. 9602295, geöffnet: Mo.–Fr. 8–24, Sa. 10–2, So. 10–24 Uhr. In Fjodor Schechtels famosem Jugendstilbau, dem ursprünglichen Haus der Kaufmannsgesellschaft (s. S. 39), kann man mit Blick auf die Lubjanka herrlich verweilen und die vielfach prämierten Kaffeespezialitäten zusammen mit Törtchen, Tartes und Muffins genießen. Viel Platz und freundliche Gesichter sind im Preis inbegriffen. Hier herrscht Wiener Kaffeehaus-Ambiente!

◯53 [D2] **Coffeemania (2),** Twerskaja Ul. 22, Metro: Twerskaja, www.coffeemania.ru, Tel. 2130411, tägl. 8–24 Uhr. „Klein-Europa mitten in Moskau" – mit diesem Slogan wird der Ableger beworben. Schwarz-weiß, viel Chrom, riesige Panoramafenster – ein Hotspot für Puristen und Heimwehkranke. Auch Snacks gibt es. Weitere Ableger der beliebten Kette im GUM und an den Flughäfen.

◯55 [D4] **Eat & Talk,** Mochowaja Ul. 7, Metro: Aleksandrowskij Sad, Biblioteka imeni Lenina, www.eattalk.ru, Tel. 9612193, tägl. 24 Stunden. Hier trifft man vor allem mittags russische Angestellte, die in den umliegenden Verwaltungsgebäuden arbeiten. Sonst ist es ruhiger. Nette Bistroatmosphäre, Zweiertische und ein breites Angebot. Pizza, russische Pelmeni für knapp 6 € oder Sushi. Leider kein Tageslicht, aber nach einem Kreml-Besuch sehr zu empfehlen, da fußläufig in 3 Minuten zu erreichen.

❺ **GUM,** viele kleine Cafés und Restaurants im dritten Stock, u. a. die Stolowaja 57.

> **EXTRATIPPS**
>
> ### Lecker vegetarisch
> In der russischen Küche gibt es viele leckere Gerichte ohne Fleisch. Vegetarier freuen sich über die Lokale **Jagannath** (s. S. 64), **Grabli** (s. S. 67) und **Teremok** (s. S. 68).
>
> ### Dinner for one
> Wer alleine unterwegs ist, ist bei **Prime** (s. S. 68), **Menza** (s. S. 64) oder in jedem anderen **Café** der Stadt ein gern gesehener Gast, sogar mit Laptop oder Tablet. Wie in jeder anderen Großstadt sind mittlerweile auch in Moskau viele „Einzelgänger" unterwegs. Noch vor wenigen Jahren war es verpönt, allein in Lokalen zu sitzen, heute hingegen stört sich niemand mehr daran.
>
> ### Für den späten Hunger
> Snacks bekommt man bis weit nach Mitternacht im **Schiguli** (s. S. 74), **Kamtschatka** (s. S. 67) und **Puschkin** (s. S. 65). **Dr. Schiwago** (s. S. 63) kocht gar rund um die Uhr.
>
> ### Lokale mit guter Aussicht
> Den Roten Platz von oben betrachten: Die **O2 Lounge** (s. S. 64) im Ritz-Carlton hat eine Terrasse und einen Wintergarten. In Moscow City gibt es gleich zwei Hotspots im Himmel über Moskau, das **Ruski** (s. S. 99) im Oko Tower (s. S. 100) und das **Sixty** (s. S. 65) im Federation Tower.
>
> ### Sportbar
> ◯56 [F3] **LigaPub,** Ul. Bol. Lubjanka 24, Metro: Lubjanka, www.ligapap.ru, tägl. rund um die Uhr geöffnet. Das Lokal bietet XXL-Bildschirme, Bier und Snacks.

○57 **Kosmos Café**, auf dem WDNH-Gelände ⓦ, Di.–So. 11–22 Uhr. Hier trifft Stalin-Empire-Stil auf Pop-Art und Postmoderne. Der orangefarbene Riesenkosmonaut ist ein beliebtes Instagram-Motiv. Die Leckereien sind durchaus irdisch, neben Pizza und Foccacia gibt es auch Apfelpiroggen mit Vanilleeis. Dieses spacige Museumscafé gehört zum Kosmos-Pavillon Nr. 34. Am Automaten gibt es Astronautennahrung (www.spacefoodlaboratory.com) – ein super Souvenir.

○58 [F6] **Schokoladniza**, Klimentowskij Per. 10, Metro: Tretjakowskaja, Tel. 9513703, tägl. 24 Stunden. Eine heiße Schokolade bekommt man in diesem gemütlichen, mit abgetrennten Raucherecken eingerichteten Ableger der russischen Kette schon für 4 €. Russische Snacks sind ebenfalls günstig.

○59 [C2] **Stolle**, Bol. Sadowaja Ul. 3 (Seite 1), Metro: Majakowskaja, www.stolle.ru, geöffnet: tägl. 8–23 Uhr, Tel. 6444045. Auf dem altmodischen Tresen erwarten den Gast warme Blätterteigtaschen mit allen nur erdenklichen Füllungen. Die herzhaften *piroschki* werden zum Beispiel mit Pilzen, Spinat oder Käse angeboten. Süße Pasteten gibt es mit Kirschen, Kiwis oder Aprikosen. Dazu genießt man einen Matcha Latte oder Café Crème. Seit 2005 exportiert das Sankt Petersburger Unternehmen die Köstlichkeiten in alle Himmelsrichtungen.

○60 [C3] **Wolkonskij**, Bolschaja Sadowaja Ul. 2, Metro: Majakowskaja, www.wolkonsky.com, tägl. 8–23 Uhr, unter der Woche sogar ab 7 Uhr. Der betörende Duft dieser ehrwürdigen Bäckerei zieht den Besucher vom Trottoir in ein Brot- und Törtcheneldorado, das er so schnell nicht wieder vergisst. Es gibt zwar nur noch einen Tisch, aber wenn man den

△ *An Cafés mit leckeren Süßspeisen herrscht in Moskau wahrlich kein Mangel*

ergattert, kann man in Ruhe frühstücken. Tolstojs Mutter stammte aus der Fürstenfamilie Wolkonskij. Sie hätte es sicherlich begrüßt, dass diese Kette mittlerweile über 30 Ableger in Moskau hat.

○61 [F3] **Zoar Café**, Mjasnizkaja Ul. 13/11, Metro: Lubjanka (15 Min. Fußweg), http://zoarcafe.ru, Mo., Do. 10–20, Fr. 10–18 Uhr. Dieses herrlich geräumige Café bietet bequeme Laptop-Arbeitsplätze, kuschelige Sofas, gut bestückte Bücherregale und kleine Leselampen. Auf der Karte findet man leckere, vornehmlich vegetarische Snacks der israelischen und europäischen Küche, aber auch russische Blinys, dazu frisch pürierte Smoothies, Kaffee und Tee. Viele Studenten von der Higher School of Economics, in deren Windschatten diese Oase der Ruhe liegt.

Der Fotograf Alexey Naroditsky hat sich auf Moscow-City-Bilder spezialisiert

Moskau am Abend

Das Angebot der ausgesprochen schrillen Klub- und Barszene reicht von elitären „pathetischen" *(pafosnye)* Tanzklubs bis hin zu Kulturcafés mit „demokratischen", will heißen akzeptablen Preisen, von Rock- und Popmusik über Jazz bis hin zu russischer Livemusik. Fast jede Bar (einige akzeptieren keine Kreditkarten) und jeder Klub verfügt auch über ein Restaurant. Ob Zutritt zu der jeweiligen Lokalität gewährt wird („**face control**"), hängt von der Gunst des Türstehers ab. Auf https://moscownightguide.com/step-by-step-moscow-nightlife-guide erfährt man alles zum Thema Nachtleben in Moskau.

Vor Mitternacht ist kaum jemand unterwegs. Das Gros der Nachtschwärmer tanzt bis zur ersten Metro um 5 Uhr morgens, obwohl es jetzt Nachtbusse gibt!

Moskau am Abend

Nachtleben

Bars, Kneipen und Klubs

62 [ei] **Arma 17,** Nischnij Susalnyj Per. 5, Metro: Kurskaja (dann Ausgang Tunnel 3), www.arma17.ru, Tel. (905) 7171715, 24 Std geöffnet. Das Arma 17 gilt als einer der besten Underground-Klubs der Welt. Untergebracht in einem alten Ziegelsteingebäude aus dem Jahr 1865 auf dem sanierten Fabrikgelände ARMA, treffen sich hier mitunter auch tagsüber Techno-Fans und andere Tanzwütige. Arma ist mittlerweile eine Marke geworden, deren Macher auch an anderen Orten und in anderen Locations unvergessliche Partys organisieren.

63 [G7] **City Space Bar,** im Swisshotel, Kosmodamianskaja Nab. 52/6, Metro: Pawelezkaja, http://cityspacebar.com, Tel. 2215357, tägl. 18–3 Uhr. Im 34. Stock des Swisshotel Krasnyje Holmy hat man einen atemberaubenden Blick aus den riesigen, schräg nach unten abfallenden Fenstern. Bei einem schmackhaften Cocktail und leckeren Häppchen sieht man auf die Moskwa und die unzähligen Lichter der nach Paris wohl am eindrucksvollsten beleuchteten Stadt Europas.

64 [D6] **Gipsy Bar,** auf dem Areal Roter Oktober, Bolotnaja Nab. 3/4, Seite 2, Metro: Kropotkinskaja, http://bargipsy.ru, Di.–Do. 12–6, Fr./Sa. 12–8 Uhr,

Die frühere Schokoladenfabrik Roter Oktober **23** *ist der Hotspot der Moskauer Nachteulen geworden*

Tel. 6698693. Dieser coole Klub auf dem Dach der Schokoladenfabrik wurde schon mehrfach zur besten Bar der Stadt gekürt. Das liegt vermutlich weniger an der eher unspektakulären Aufmachung als an der XXL-Cocktailkarte und der hohen Dichte attraktiver Nachtschwärmer.

❻65 [D3] **Glawpiwmag**, Twerskaja Ul. 18/1, Metro: Twerskaja, Puschkinskaja, www.glavpivmag.com, tägl. 10–3 Uhr. Zahlreiche russische Craftbiere bekommt man an diesem XXL-Tresen, über dem in luftiger Höhe Nachschub in Käfigen schwebt. Zu später Stunde wird es voll. Inzwischen gibt es mehrere Ableger.

❻66 [F3] **Glawpiwtorg**, Bolschaja Lubjanka 5, Metro: Lubjanka, http://glavpivtorg.ru, tägl. 8–24 Uhr, Tel. 6282591. Zu jeder Uhrzeit ist in dieser Expat-Institution was los. Das kann am frisch gezapften und hausgemachten Bier *(piwo)* liegen. Wahrscheinlicher aber ist, dass die hier gepflegte Sowjetnostalgie in den Räumlichkeiten des früheren Außenministeriums auf den Besucher eine sehr authentische Wirkung hat. Eine ähnlich erfolgversprechende Kontaktbörse wie Irish Pubs, aber mit besserem Essen. Internationale Küche, Sowjetfilme, Riesen(schreib)tische mit Lampen und Sowjetfahnen – das alles in FSB-Nähe (Geheimdienst) und in verschiedenen Räumen. Mit Spielecke oben.

❻67 [E2] **Gnezdoglucharija**, Zwetnoj Bulwar 30, Metro: Zwetnoj Bulwar, http://gnezdogluharya.ru (*gnesdogluchariya* ist das Auerhahnnest), Tel. 6993399 (Ticketverkauf tägl. 12–23 Uhr), Einlass ab 19 Uhr, Beginn um 20 Uhr. Wladimir Wyssotzkijs und Bulat Okudschawa leben hier weiter. Fast jeden Abend finden auf einer der beiden neuen Bühnen Livekonzerte statt, deren Aufnahmen vor Ort auf CD zu kaufen sind. Chansonabende mit viel (russischem) Text und Gitarrenmusik erfreuen Russen und Tou-

EXTRATIPP

Cooles Moskau
Diese verrückte Cocktailbar serviert ihre köstlichen Kreationen auch schon mal in einer Minibadewanne oder in einer Glühbirne. Dazu läuft Lounge-Musik. Location, Pommes und Popcorn, hier stimmt alles. Am besten bestellt man den Cocktail „Hulk" und wartet, was passiert …

❻70 [D3] **Kot Schrjodingera**, Bol. Dmitrowka 32, Metro: Tschechowskaja, http://sidrgroup.ru/kot, geöffnet: Di.–Do. 10–24, Fr./Sa. 18–3 Uhr

risten gleichermaßen, vor allem aber jene, die sich an die Zeiten des leisen Aufruhrs in den 1960er-Jahren noch erinnern können.

❻68 [E5] **Icon**, Bolotnaja Nab. 9 (Seite 1), Metro: Kropotkinskaja, Tel. 3640101, https://iconclub.ru, geöffnet: Fr./Sa. 23–6 Uhr. Unter den Mainstream-Klubs ist das Icon der Platzhirsch. Hier auf dem Areal der früheren Schokoladenfabrik trifft man nicht nur auf Einheimische. Auf mehreren Etagen tanzt und entspannt sich die Ü30-Fraktion. Lauschig ist die weiße Grotte, eine Art Höhlenlabyrinth mit Sofas. Die DJs kommen aus aller Welt. Auch in lauen Sommernächten unschlagbar.

❻69 [B7] **Lutsch**, Bolschaja Pirogowskaja 27/1, Metro: Frunsenskaja, besser Trolleybus 5 oder 15 ab Metro Kropotkinskaja, http://barluch.ru, Tel. 2870022, Mo.–Fr. 12–6 Uhr. Magisch und einzigartig ist diese Fabrikhallenlocation mit riesigen Lüstern und zehn Meter hohen Bücherregalen. Auf der Zwischenetage mit Balkonen kann man auch sitzen. Man speist europäisch oder asiatisch. Ein geheimnisvolles Strahlen geht von diesem Ort aus, ein kostspieliges, unvergessliches Weltstadtvergnügen. Paris und die Buddha Bar waren gestern!

71 [bi] **Nikuda ne jedjem,** Rochdelskaja Ul. 14, Gebäude 3, Metro: Uliza 1905 Goda, www.nikudaneedem.ru, So.-Fr. 11-24, Fr./Sa. 11-3 Uhr. Dieser Klub firmiert als Cocktailbar, aber er ist viel mehr als das. *Casual*, aber stylisch ist das Interieur, hier werden auch leckere Gerichte serviert. Von außen sieht der hippe Laden aus wie ein Bürogebäude. Am Eingang wird man gefragt, wo man denn hin will („My kuda-to jedjem?"). Wenn man antwortet „Nikuda ne jedjem" („wir wollen nirgendwohin"), öffnen sich die Regale und man betritt die magische Szenerie.

〉 **O2 Lounge** (s. S. 64). Nightlife mit Blick auf den Roten Platz!

72 [C5] **Schiguli,** Nowyj Arbat 11, Eingang in der Seitenstraße Arbatskij Per., Metro: Arbatskaja, http://zhiguli.su, Tel. 6914144, tägl. 12-2 (Fr./Sa. bis 4 Uhr). Die ideale Location für ein oder mehrere Bierchen an langen Tischen und russische Vorspeisen vom Büfett. Hits aus der Gorbi-Zeit werden hier allabendlich gespielt oder sogar live vorgetragen. Jetzt auch mit hauseigenem Bier. Herrlich sowjetnostalgisch und authentisch, das Schiguli existiert seit den 1960er-Jahren.

〉 **Sixty** (s. S. 65). Und wenn es nur auf einen Drink ist … hier verliert man den Boden unter den Füßen.

73 [F5] **Vermel,** Rauschskaja Nab. 4/5 (Eingang durch den Bogen), Metro: Nowokusnezkaja, Tretjakowskaja, Mo.-Do. 12-24, Fr. 12-2, Sa. 16-2, So. 16-24 Uhr, Tel. (499) 2383303, www.vermel.ru. In einem anheimelnden Gewölbekeller in unmittelbarer Kreml- und Ufernähe liegt dieser Klub, in dem man ohne Weiteres in entspannter Stimmung eine Nacht durchtanzen kann. DJs aus aller Welt sorgen dafür, dass der viel beschworene „letzte Gast" manchmal partout nicht gehen will. Für kleine Snacks sitzt man im angrenzenden Café. Studentisches, aber auch älteres Publikum tanzt zu Hits der 1980er- und 1990er-Jahre. Hoher Sowjetnostalgiefaktor!

74 [D6] **Wunder Klub,** Bersenewskij Per. 3/10 (Areal Roter Oktober), Metro: Kropotkinskaja, www.facebook.com/pg/wundermoscow, Tel. 2337378, Mo.-Do. 16-23 Uhr, Fr.-So. rund um die Uhr geöffnet. Lüster, Holzfußboden und Klinkerwände machen diesen etablierten Hotspot mit dem deutschen Namen zu einer angesagten Location, wobei es vor allem das illustre Publikum und die DJs sind, die das Flair in das Loft bringen. Es gibt Cocktails und Konzerte, aber auch Restaurantbetrieb.

Theater und Konzerte

12 **Bolschoj-Theater.** Es ist nach wie vor die beste Ballettbühne Russlands. Seit seiner glanzvollen Wiedereröffnung 2011 knüpft es wieder an alte Erfolge an. Die Sanierung war ein 600 Millionen Euro teures Gemeinschaftsprojekt. Ton- und Bühnentechnik wurde aus Deutschland importiert, 1000 Restauratoren kamen aus ganz Russland. Auch für die Künstler bricht eine neue Ära an, mit Durchschnittsgagen von 1500 € monatlich. Karten gibt es an der Tageskasse (tägl. 11-15 und 16-20 Uhr) für einen der nächsten Abende, meist nicht für den betreffenden Tag, oder online (bis zu drei Monate im Voraus).

75 [D4] **Moskauer Konservatorium,** Bolschaja Nikitskaja Ul. 13, Metro: Arbatskaja, Tickets erhält man an der Kasse tägl. von 12 bis 14 und von 15 bis 20 Uhr oder online, www.mosconsv.ru. Hervorragende Darbietungen, eine einmalige Akustik und eine über 100-jährige Tradition locken Klassik-

Moskau für Shoppingfans

*„Wien ist schon Souvenir, (...)
Moskau ist noch lebendig."*
  Jewgenij Popow

In den letzten Jahren hat Moskau Ähnlichkeit mit Dubai bekommen. Shoppingmalls und Hochhäuser sind wie Pilze aus dem Boden geschossen. Das GUM ❺ *bleibt dennoch die erste Adresse, auch für Souvenirs. Neu sind die Fußgängerzonen in der Nikolskaja Ul. [E4] oder Kusnezkij Most [E3]. Für Souvenirkäufe bleibt der alte Arbat eine der beliebtesten Bummelstraßen mit Bücherständen und fliegenden Händlern, die auch Politiker-Matrjoschkas im Programm haben. Aufgrund der hohen Zölle sind importierte Waren teurer als bei uns.*

□ *Das Bolschoj-Theater* ⓬ *lädt zu abendlichen Ballettvorführungen ein*

fans in Scharen hierher. Die Porträtgalerie mit den besten Komponisten des Erdballs und die erstklassigen Solisten auf der Bühne lassen den Besucher die unbequemen Sitze vergessen. Seit dem Ende der Renovierung vor einigen Jahren erstrahlt das geschichtsträchtige Haus in neuem Glanz. Es ist nach wie vor schwer, Karten zu bekommen. Am besten versucht man es an der Tageskasse.

Souvenirs

🏠**76** [C5] **Arbatskaja Lawitsa,** Ul. Arbat 27, Metro: Arbatskaja, Smolenskaja, Tel. 6905689, tägl. 9–21 Uhr. Mehr als 17.000 Souvenirs aus allen Teilen Russlands sind in diesem alteingesessenen Souvenirgeschäft mit Sowjetflair zu finden. Neben Porzellan, Samowaren und Gschelfiguren ist die Auswahl an (politisch korrekt) bemalten Holzfiguren, Holzschachteln und Matrjoschkas schier unendlich.

❺ **GUM.** Neben dem Arbat [B–C4] ist das GUM die beste Anlaufstelle für Souvenirs. Im Gastronom 1 im Erdgeschoss findet man die köstlichen Bonbons „Krasnyj Oktjabr" (auch die mit den Stalin-Kathedralen, s. S. 90), russischen Tee, Matrjoschkas, Aljonka-Riegel, Marossia (russische Schokolade) und viele Wodkasorten des Riesenreiches. Im Respu-

Moskau für Shoppingfans

EXTRATIPP

TOP-6-Souvenirs aus Moskau
1. Matrjoschka – wahlweise mit Donald Trump, Angela Merkel, Wladimir Putin (im GUM, auf dem Arbat oder Roten Platz, ab ca. 12 €)
2. Moscow Metro Travel Guide, Knigi Wam, 2008 (ein Führer durch die schönsten Metrostationen Moskaus im praktischen DIN-A4-Softcover auf Russisch oder Englisch, in jeder Buchhandlung, ca. 7 €)
3. Öko-Shampoo aus Sibirien (bei Natura Siberica, ca. 15 €)
4. Bonbons Krasnyj Oktjabr (Roter Oktober), mit verschiedenen Motiven (im Gastronom Nr. 1 im GUM, 100 Gramm ca. 5 €)
5. Jurij Dolgoruki oder Putinka Wodka (im Gastronom Nr. 1 im GUM, Flasche ab ca. 15 €)
6. Heart of Moscow (im GUM ❺), Ansteckenadel mit der rot-weißen Zwiebelkuppel in Herzform (6 €)

105mo Abb.: hmj

blica-Buchladen im 2. Stock bekommt man auch die „Heart of Moscow"-Souvenirs (siehe unten). Der „Fudkort" im dritten Obergeschoss (beispielsweise Stolowaja 57) bietet authentische Speisen zu „demokratischen" Preisen.

> **Heart of Moscow**, www.heartofmoscow.ru/en, z. B. bei Republica im GUM ❺. Dem rot-weiß gestreiften Logo der Souvenirmarke Heart of Moscow wird man in vielen Museumsshops und Buchläden begegnen. Zwei Moskauer hatten die Idee, eine der Kuppeln der Basilius-Kathedrale umzudrehen und als Herz-Logo auf Taschen, T-Shirts und Tassen zu drucken. Großartig sind die Anstecknadeln in Form eines Tatlin-Turms, eines Malewitsch-Gemäldes oder eben in Herzform. Außerdem gibt es die Zuckerbäckerbauten als Kerzen und das Olympialogo von 1980 auf diversen Mitbringseln. Cool Moscow!

77 [C2] **Imperatorskij Farfor**, Twerskaja Ul. 27/1, Metro: Majakowskaja, www.ipm.ru, Tel. 6999506, tägl. 10–22 Uhr. In den Filialen der firmeneigenen Geschäfte der seit 1744 existierenden Lomonossow-Manufaktur finden Porzellansammler alles, was das Herz begehrt. Eine Neuauflage der von Bilibin entworfenen Moskau-Tassen (ca. 35 €) ist ebenso im Angebot wie das Kinderservice „Mascha und der Bär" (ca. 40 €). Filiale im GUM ❺.

78 [D3] **KM20**, Stoleschnikow Per. 2, Metro: Ochotnyj Rjad, www.km20.ru, Tel. 6237888, tägl. 10–24 Uhr. Dieser mit Avantgarde-Label-Inseln und Sitzreihen aus dem alten Lokomotive-Stadion ausgestattete Hotspot gilt der *fashion crowd* als einer der besten Concept Stores der Welt und bietet auch eine wundervolle Dachterrasse. Streetwear und Mode von Goscha Rubtschinskij findet man ebenso wie ein Café mit Bananen-Blinys und Süßkartoffelchips auf der Karte.

Moskau für Shoppingfans

🔒**79** [E4] **NE-Nouvelle Etoile (Nowaja Sarja),** im Gostinyj Dwor, Ul. Ilinka 4, Metro: Kitaj-Gorod, Ploschtschad Rewoljuzii (Filiale Nowyj Arbat 1), www.novzar.ru, Tel. 6981269, tägl. 10–20 Uhr. Der einstige Hoflieferant Henry Brocard erfand 1864 das legendäre Zarenparfum „Krasnaja Moskwa" („Das rote Moskau"). Seit 2004 erlebt der schwere, süßliche Duft ein Comeback. Dahinter steht ein französisch-russisches Joint Venture namens „Neue Morgenröte". Der ultimative Moskauduft – auch als Miniatur ein sehr authentisches Souvenir mit Geschichte!

🔒**80** [G4] **Prosto tak,** Uliza Sabelina, Metro: Kitaj-Gorod, http://prosto-tak.com, Tel. (499) 7557529, tägl. 11–21 Uhr. In diesem „Fundbüro" gibt es für jeden etwas. Russische Künstler haben original Sowjetwaren zweckentfremdet und z. B. sowjetische Telefone, alte Kaviardosen und Bügeleisen zu Uhren umfunktioniert. Originalität und Handarbeit haben ihren Preis (ab 35 €). Der Pappfernseher mit dem immergleichen Putin-Konterfei vor Kreml-Kulisse kostet 20 €.

🔒**81** [C5] **Russkije Suveniry,** Ul. Arbat 12 (Filiale Ul. Arbat 32), Metro: Arbatskaja, www.artshop.ru, Tel. 2919300, tägl. 11–20 Uhr. Politisch korrekte und weniger korrekte Matrjoschkas, Uhren russischer Herkunft, Samoware aus Porzellan, CCCP-T-Shirts – hier gibt es eine große Auswahl an hochwertigen und dabei nicht übertevuerten Souvenirs. Für Freunde des Schachspiels gibt es ein Brett mit Matrjoschka-Schachfiguren (30 €).

🔒**82** [C5] **Russkije Tschasowye Tradizii,** Ul. Nowyj Arbat 15, Metro: Arbatskaja, tägl. 11–20 Uhr. Russische Uhren haben

🔽 *Shopping in der neuen Fußgängerzone Kusnezkij Most [E3]*

Shoppingareale
Die wichtigsten Shoppingbereiche der Stadt sind im Kartenmaterial mit einer rötlichen Fläche markiert.

Die Matrjoschka

Kein Tourist verlässt Moskau, ohne mindestens eine Version des beliebtesten russischen Souvenirs im Koffer zu haben. Die Schachtelpuppe aus Holz mit dem unaussprechlichen Namen gehört zu Russland wie der Wodka und der Samowar. Der Begriff „matrjoschka" kommt von dem russischen Wort matuschka (Mutter) und symbolisiert Fruchtbarkeit, Mutterschaft und im weiteren Sinn Mütterchen Russland. Die Matrjoschka ist eine Kreuzung aus einem klassischen russischen Osterei und einer japanischen kahlköpfigen Puppe, die sich aus insgesamt fünf ineinander gesteckten kleinen Figuren zusammensetzt. Die Matrjoschka erblickte im Künstlerdorf Abramzewo außerhalb von Moskau 1890 das Licht der Welt. Ein Maler und ein Drechsler erfanden ein russisches Bauernmädchen, bekleidet mit einem Sarafan, der russischen Frauentracht. Spielzeug war seinerzeit eine Art Kulturgut, das große Kreativität erforderte und erlaubte. Auch heute noch werden die meisten Matrjoschkas von Hand gefertigt. Dabei spielt die Wahl des Holzes eine große Rolle. Am besten eignet sich weiches Linden- oder Birkenholz. Als Erstes wird die kleinste Puppe geschnitzt, dann die anderen. Die eigentliche Kunst liegt aber in der Bemalung. Je hochwertiger ein Satz von Matrjoschkas ist, desto weniger unterscheiden sich die großen Puppen von den kleinen. Nach dem Erfolg auf der Pariser Weltausstellung 1900 begann der Siegeszug der Bauernpuppe. Seit den 1990er-Jahren erscheinen alle nur denkbaren Figuren aus der globalisierten Welt plötzlich auf der einhundert Jahre alten Puppe in der Puppe. Besonderer Beliebtheit erfreuen sich Politikermatrjoschkas von Lenin bis Putin. Ein Topseller ist die Matrjoschka mit Donald Trump als Konterfei.

006mo Abb.: hmj

eine lange Tradition. Hier gibt es eine große Auswahl, unter anderem die Marken Slawa (aus den 1950er-Jahren) und Poljot (seit 1930). Letztere wurde weltbekannt, als Jurij Gagarin das Modell „Schturmanskije" 1961 mit ins All nahm. Die Neuauflage kostet um die 200 € und kann auch online über www.poljot24.de bestellt werden. Dann wird sie aus München zugeschickt, Zwei-Jahres-Garantie inklusive.

▷ *Im ersten Stock des Respublica (1) kann man herrlich entspannen*

Bücher, Karten

83 [F3] **Biblio-Globus,** Mjasnizkaja Ul. 6, Metro: Lubjanka, www.bgshop.ru, Tel. 7811900, Mo.–Fr. 9–22, Sa./So. 10–21 Uhr. Über drei Etagen verteilt steht hier ein Buchtitel neben dem anderen. Direkt am Eingang findet man englische und russische Karten. Im Untergeschoss ist die Auswahl an Bildbänden aus den Bereichen Fotografie, Kunst, Design, Geschichte und Architektur hervorragend. Was fehlt, ist Platz und Luft zum Atmen. Renovierung geplant.

84 [C4] **Dom Knigi,** Nowyj Arbat 8, Metro: Arbatskaja, www.mdk-arbat.ru, Tel. 7893591, Mo.–Fr. 9–23, Sa./So. 10–23 Uhr. Das Haus des Buches war jahrzehntelang die größte Buchhandlung der Sowjetunion. In dem zweistöckigen, nicht eben hübschen Plattenbau auf dem Neuen Arbat findet man so gut wie alles, was der russische Buchmarkt hergibt. Vor allem in der Krimiabteilung ist es so voll wie in der Metro zu Stoßzeiten. Dafür hat man eine riesige Auswahl an englischen und russischen Karten und Reiseführern, Architekturbänden, Romanen, Briefmarken und sogar antiken Büchern. Im Erdgeschoss gleich am Eingang befindet sich die CD- und DVD-Abteilung. Neuerdings gibt es im ersten Stock ein schönes kleines Café und Arbeitstische am Fenster.

85 [D3] **Moskwa Kniga,** Twerskaja Ul. 8, Metro: Ochotnyj Rjad, Twerskaja, www.moscowbooks.ru, Tel. 6296483, tägl. 9–24 Uhr. Diese Institution ist noch immer eine der bestsortierten Buchhandlungen der Stadt und erste Wahl für Touristen, da es hier bis 24 Uhr englische und russische Stadtpläne und Reiseführer zu kaufen gibt. Außerdem russische Kunstbände, Architekturbücher, Romane, Theaterstücke und Kinderbücher. Im Keller befindet sich ein unüberschaubares, aber gut sortiertes Antiquariat. Wenn nur die Enge nicht wäre!

EXTRATIPP: Shop 'n' Stop

86 [C2] **Respublica (1),** 1. Twerskaja-Jamskaja Ul.10, Metro: Majakowskaja, www.respublica.ru, Tel. (499) 2516527, 24 Stunden geöffnet. Opulente Bildbände, russische Romane und Bürobedarf aller Art fallen als Erstes ins Auge. Aber Moskaus angesagtester Bookstore kann noch mehr: Im gemütlichen Szenecafé im ersten Stock gibt es Latte, Alkoholisches und Milchshakes … und Musik von der letzten Moscow Fashion Week (auch als CD)! Viel Junggemüse mit Designambitionen, High Heels und Riesensonnenbrillen. Zusätzliche Filialen im GUM ❺, im CDM (s. S. 21) und im Zwetnoj Uniwermag (s. S. 82).

87 [D4] **Respublica (2),** Wosdwischenka Ul. 4/7, Metro: Alexandrowskij Sad, Biblioteka Imeni Lenina, www.respublica.ru, Tel. 2700052, 24 Stunden geöffnet. Auf der gegenüberliegenden Seite des Kreml-Eingangs am Kutawja-Turm, gegenüber der Lenin-Bibliothek, hat man hier zu jeder Tages- und Nachtzeit eine riesengroße Auswahl. Spektakulär für Moskau ist das Platzangebot dieser neuen Filiale im ersten Stock. Ein Café, ein Asia-Bistro, kleine Snacks, dazu leise Musik, Lesungen und englische Buchtitel lassen das Herz des Bibliophilen höher schlagen. Hier ist man Mensch …

007mo Abb.: hmj

Antiquitäten

88 [C4] **Antiquariat Bukinist,** Bolschaja Nikitskaja Ul. 21/18, Eingang Kalaschnyj Per., Metro: Barrikadnaja, Arbatskaja, www.akcia-antique.ru, Tel. 6917509, Mo.-Sa. 11-19, So. 12-19 Uhr. Eine erstklassige Adresse für Liebhaber russischer Bücher und sowjetischer Porzellanfiguren. Unter 80 € findet man im 1. Stock kein einziges Teil, im Souterrain kann sich das Stöbern lohnen.

CDs, DVDs, Vinyl

89 [D3] **Transylvanien,** Twerskaja Ul. 6/1, Metro: Ochotnyj Rjad, http://transylvania.ru, Tel. 6298786, tägl. 11-21 Uhr. Im Hinterhof der belebten Twerskaja-Straße liegt dieser Geheimtipp für Musikliebhaber. So schnörkellos und kahl die Einrichtung, so hochkarätig das Angebot, laut Werbung „die beste CD-Auswahl in Europa". Zu finden sind hier auch Videomitschnitte auf CD, Platten oder Kassetten von Konzerten europäischer und amerikanischer Künstler. Die nach eigenen Angaben „bösesten Rapper Russlands" namens Kasta sind auch vertreten.

Kosmetika

90 [C2] **Natura Siberica,** Twerskaja Ul. 27 (Seite 2), Metro: Majakowskaja, www.naturasiberica.ru, tägl. 10-22 Uhr. Die sibirische Bio-Kosmetikmarke hat einen Siegeszug sondergleichen angetreten. In verschiedenen Filialen, verteilt über ganz Russland, und bei dm in Deutschland sind die angesagten Produkte schon erhältlich. Die Nachtcreme mit Kaviar ist ebenso gefragt wie das Sachalin-Shampoo oder die Bodylotion „Zarinnenrose" mit sibirischen Kräutern. Die kleine Matrjoschka auf den Produkten macht sie außerdem zu einem schönen Mitbringsel.

Mode

› **A shade more,** im Zwetnoj Univermag (s. S. 82), www.facebook.com/ashademore. Natalia Bakajewa hat in London Modedesign studiert und sich dann in Moskau selbständig gemacht. Bei ihren Entwürfen legt sie Wert auf Qualität und ausgefallene Schnitte. Trenchcoats, Seidenkleider und Blazer sind sehr weit. Ihre Vorliebe für Erdtöne ist auf Anhieb zu erkennen, die Doppeldeutigkeit ihrer Entwürfe erst auf den zweiten Blick.

91 [E2] **Adidas Originals (1),** im Einkaufszentrum Zwetnoj Bulwar, Zwetnoj Bulwar 15, Metro: Zwetnoj Bulwar, www.adidas.ru, Tel. 6601642, Mo.-Sa. 10-22, So. 11 22 Uhr. Adidas kann man doch auch in Deutschland kaufen? Ja und nein. Jedes Land bestellt andere Modelle in Herzogenaurach, sodass man hier Schuhe, Taschen, Jogginganzüge und viele Teile aus der Originals-Serie findet, die es in Deutschland gar nicht gibt. Die normale Sportbekleidung erhält man in unzähligen Shops im gesamten Stadtgebiet. Adidas ist eine der angesagtesten Marken in Moskau. Filiale:

92 [E3] **Adidas Originals (2),** Kusnezkij Most 6/3, Metro: Teatralnaja, geöffnet: tägl. 10-22 Uhr

93 [F8] **Armejskij Magasin,** im Fußgängertunnel zwischen Metro 2 und der Ringbahn (außerhalb der Metro), Sazepskij Wal 1, Metro: Pawelezkaja, www.armystore.ru, Tel. 2266990, geöffnet: Mo.-So. 10-19 Uhr, Filiale auf dem WDNH-Areal ⓯. Filzmützen, Schapkas, Abzeichen, Tarnboots, Rucksäcke und Uniformen aus russischer Produktion kaufen in diesem Spezialgeschäft eigentlich nur Profis und Touristen.

94 [E4] **Bosco Fresh,** Twerskaja Ul. 4, Metro: Ochotnyj Rjad, https://boscosport.ru, Tel. 6925876, an allen Flughäfen oder im GUM, tägl. 10-22 Uhr. Die Sportbekleidung des offiziellen rus-

Moskau für Shoppingfans

sischen Olympiaausstatters für Damen, Herren und Kinder eignet sich vor allem mit dem „Russland" -Logo in kyrillischer Schrift (lateinische Buchstaben gibt es auch!) sehr gut als Mitbringsel. Die Auswahl dieser hochwertigen und farbenfrohen Jogginganzüge, Jacken, Mützen, Hosen, Taschen und Schals (jetzt auch für die ganz Kleinen) beschränkt sich auf die Farbkombinationen Rot-Weiß und Blau-Weiß. Dafür findet man landestypische Muster aus den entferntesten Regionen der Russischen Föderation, die zu einem echten Markenzeichen geworden sind.

🛍95 [D2] **Ekaterina**, Malaja Dmitrowka Ul. 11, Metro: Teatralnaja, www.mexa-ekaterina.ru, Tel. 6295266, tägl. 11–21 Uhr. Schicke Schapkas aus echtem Pelz gibt es schon ab 50 €. Das Design des sperrigen Kopfschmucks ändert sich jährlich – der Kultfaktor bleibt, vor allem bei den Damen.

› **Marsakow Concept Sorte**, in der Brotfabrik Chlebosawod Nr. 9 (s. S. 59), www.facebook.com/marsakov.moscow, geöffnet: tägl. 11–21 Uhr (abends oft DJ-Happenings). Highlight der ehemaligen Brotfabrik ist dieser nach dem Architekten Georgij Marsakow benannte Concept Store, der viele hippe russische Modemarken und angesagte Streetware unter einem Dach vereint. Mit dabei sind Nowaja, Rains und Refaced.

› **Paul & Jakow**, im Zwetnoj Uniwermag (s. S. 82). Das von den beiden Brüdern Paul und Jakow gegründete Modelabel hat sich der hochwertigen Streetware verschrieben. Dabei greifen die bereits von der Vogue aufgespürten Designer zuweilen auf die grellen Farben der sowjetischen Mode der 1980er-Jahre zurück und schöpfen aus einem Fundus von „150 Nationalitäten, die das russische Reich zu bieten hat".

› **Section/Sekzija**, im GUM ❺, 1. Stock, https://gumrussia.com/shops/sekt siya, Tel. 6203328, geöffnet: tägl. 10–22 Uhr. Dieser Concept Store ist das einzige Geschäft im GUM, in dem es eine große Auswahl an Mode von russischen Designern gibt. Das Projekt begann 2019 mit einem Pop-up-Store, der so erfolgreich war, dass die Boutique jetzt dauerhaft in dem schicken Umfeld bleibt und nun sogar eine kleine Bar mit Blick auf den Roten Platz betreibt. Neben Damenoberbekleidung und Accessoires gibt es auch Souvenirs, Magazine ... und interessante Events.

🛍96 [D6] **Turbo Yulia Studio**, Serafimowitscha Ul. 2, Metro: Kropotkinskaja (dann über die Brücke hinter der Christ-Erlöser-Kathedrale und links hinunter), https://www.facebook.com/turbo.yulia, tägl. 10–22 Uhr. Die „tussowka", die Szene der Streetwear-Liebhaber, trifft sich bei dem Moskauer Label der Designerin Julia Makarowa, die sich ein Studio im historischen „Haus am Ufer" ㉔ gemietet hat und dort ihre neonfarbenen „Rave coveralls" und ihre Thermopack-Wintermäntel präsentiert. Ihre Entwürfe sind futuristisch, bunt und stylish. Neuerdings schneidert Julia Kleider aus Leuchtwesten ...

🛍97 [C4] **Vassa & Co**, Nikitskij Bul. 5/1, Metro: Arbatskaja, www.vassatrend.ru, Tel. 6905220, tägl. 10–21 Uhr. Seit 2000 entwirft die mittlerweile auch im westlichen Ausland bekannte russische Designerin Vassa hochkarätige, silhouettenbetonte Mode. „Less is more" ist ihr eher unrussisches Motto. Manchmal mogelt sie doch etwas Ornamentik auf die hochwertigen Stoffe. Filiale in der Afi-Mall (siehe unten).

Einkaufszentren

🛍98 [bi] **Afi-Mall**, Presnenskaja Nab. 2, Metro: Delowoj Zentr, http://afimall.ru, Tel. 2583622, Mo.–So. 10–22, Fr./Sa. bis 23 Uhr. Mitten zwischen den Wolkenkratzern in Moscow City ist ein Raum-

schiff gelandet! Diese Shoppingmall lässt keine Wünsche offen. Der Clou ist die im vierten Stock aufgestellte Riesen-Matrjoschka, die so herrlich glitzert, weil ihre Außenhaut mit Spiegelglasplättchen verziert wurde. Von Interesse ist auch das Aljonka-Geschäft. Aljonka ist eine Holding, zu der die Bonbons von Krasnyij Oktjabr und Rotfront gehören. Außerdem gibt es hier eine Filiale von Vassa Mode und von Adidas Originals (s. S. 80).

🔒99 [E2] **Zwetnoj Uniwermag**, Zwetnoj Bul. 15/1, Metro: Zwetnoj Bulwar, www.tsvetnoy.com, Tel. 7377773, Mo.–Sa.

🔼 *Das russische Architekturbüro Project Meganom entwarf das Zwetnoj, die „Galeries Lafayette" von Moskau*

10–22, So. 11–22 Uhr (Restaurants bis 23 Uhr). Ein Konsumtempel der Extraklasse ist seit 2014 die hippste Shopping-Adresse in Moskau. Russische Designer wie Alexander Terechov, aber auch internationale Marken wie A.P.C., Acne und Adidas sind hier zu finden. Der Clou ist die fantastische Gourmetabteilung mit russischen Köstlichkeiten unter dem Dach und drei Café-Restaurants mit spektakulärem Blick. Neurussisch, aber stilvoll, Moskaus KaDeWe!

Lebensmittel, Spezialitäten, Tee

🔒100 [D3] **Jelissejew**, Twerskaja Ul. 14, Metro: Puschkinskaja, Tel. 6504643, tägl. 24 Std. geöffnet. Ein Jugendstil-Eldorado mitten im Zentrum, das keine Wünsche offen lässt. Prima Souvenirs, trotzdem zivile Preise. Und eine Sehenswürdigkeit!

Moskau zum Träumen und Entspannen

🔺101 [F3] **Teehaus Tschaj-Kofe (Dom Perlowa)**, Mjasnizkaja Ul. 19, Metro: Tschistyje Prudy, https://chai-cofe.com, Mo.–Fr. 9–21, Sa. 11–21, So. 11–20 Uhr. Eine stilvollere Adresse für den Kauf von Tee gibt es in Moskau nicht. Das geschichtsträchtige, mit chinesischer Ornamentik verzierte echte Teehaus aus dem Jahr 1893 an der Mjasnizkaja Ul. hat seine Pforten wieder geöffnet. Dieses verwunschene Häuschen wurde 1893 von Roman Klein erbaut. Nach jahrelanger Restaurierung erstrahlt es jetzt in neuem Glanz. Ohne eine Tüte verlässt man Perlows Tee-Paradies ganz sicher nicht.

Märkte

🔺102 [dk] **Danilowskij Rynok**, Mytnaja Uliza 74, Metro: Tulskaja, http://danrinok.ru, tägl. 8–21 Uhr. Unter dem wie eine Blüte geformten Zeltdach verbirgt sich einer der schönsten und liebevollsten Foodcourts der Stadt. Neben den üblichen Marktständen gibt es viele kleine Streetfood-Buden, an denen man Köstlichkeiten aus aller Welt probieren kann. Der Markt liegt zwar etwas außerhalb, wird aber von Food-Freaks geradezu heimgesucht. Vegetarier, Falaffelfans, Veganer, Barrista, Sterneköche – hier treffen sich alle Leckermäulchen.

🔺103 Ismajlowo Vernissage, Ismailowskoje Schosse 73, Metro: Partisanskaja, dann immer der Menge nach, www.kremlin-izmailovo.com, tägl. 10–20 Uhr (im Winter bis 18 Uhr). Die „Wernissasch" ist im Grunde ein Mythos! Eigentlich lohnt die weite Anreise nur für echte Flohmarktfreaks und Disney-Fans. Die kleinen Geschäfte in dem kunterbunten Holzkreml haben günstige Souvenirs im Angebot. In unmittelbarer Nachbarschaft befinden sich ein Chinesenmarkt und ein Wodka-Museum. Flohmarkt am Sa. und So. von 9 bis 17 Uhr.

Moskau zum Träumen und Entspannen

Im unmittelbaren Stadtzentrum der größten Metropole Europas findet man wenig grüne Oasen, vom Gorki-Park ㉘ und dem Alexandergarten abgesehen. Dafür ist man mit der Metro schnell im Grünen, etwa im Zarenpark Zarizyno ㊶ oder in Kolomenskoje ㊴. Auch das Neujungfrauenkloster ㊳ ist ein Ort zum Träumen, die Nekropole gleicht einem riesigen Park.

Ruhe findet man in orthodoxen Kirchen, auch wenn es dort keine Bänke gibt. Auch Teeklubs (s. S. 66) sind kleine Ruhepole. Entspannen, flanieren und Souvenirs kaufen kann man auf dem Alten Arbat, in dessen kleinen Gassen und Hinterhöfen unvermutet auch Jugendstilkleinode und das Melnikow-Haus auftauchen.

●104 [B5] **Melnikow-Haus**, Kriwoarbatskij Per. 10, Metro: Arbatskaja, http://muar.ru/en/for-visitors-of-the-melnikov-house. Das 1927 bis 1929 erbaute Haus wurde von Konstantin Melnikow entworfen, einem der originellsten Architekten der 1920er-Jahre. Als Anerkennung für den Gewinn der Goldmedaille auf der Weltausstellung in Paris 1925 erhielt Melnikow von der Regierung dieses Stück Land und revolutionierte mit dem avantgardistischen, wabenartigen Privathaus aus zwei ineinander verkeilten Zylindern mit sechseckigen Fenstern die Architekturwelt. Neuerdings kann man die Ikone auch betreten (Di.–Sa. 13 Uhr). Tickets müssen online oder im Schtschussew-Architekturmuseum (s. S. 58) erworben bestellt werden. Im dortigen Bookstore findet man die Publikation „The Melnikov House" von Pavel Kuznetsov, die zum 100-jährigen Jubiläum der Oktoberrevolution 2017 bei DOM publishers Berlin erschienen ist.

EXTRATIPPS

Lomonossow-Universität und Sperlingsberge

Den schönsten Panorama-Blick über Moskau hat man im Sommer (vor allem zum Sonnenuntergang) von der Plattform zu Füßen der nach dem „russischen Leonardo da Vinci" Michail Lomonossow benannten (ersten) **Moskauer Staatsuniversität (MGU,** s. S. 90), die in den romantischen, für einen Spaziergang gut geeigneten sogenannten Sperlingsbergen *(worobjowy gory)* thront. Die größte der sieben Stalin-Kathedralen (s. S. 90) wurde 1953 fertiggestellt. Neuerdings fährt man von der Metrostation Worobjowy Gory mit einer topmodernen Seilbahn (Start hinter dem Luschniki-Stadion) hoch ... und auch wieder herunter, sofern man möchte (s. S. 126).

Relaxen für Morgenmuffel

Die Cafés der Kette **Coffeemania** (s. S. 69) eignen sich für Morgenmuffel. Hier kann man in aller Ruhe auch allein seine Zeitung lesen. Im **Gorki-Park** ㉘ kann man all das und noch viel mehr. Hier darf man sogar ein Nickerchen machen oder ein Sonnenbad nehmen. Die Lounge-Sessel und Hängematten sind sehr bequem. Am Anleger liegt immer eines der Boote der Flotilla-Flotte (s. S. 127), mit denen man Moskau vom Wasser aus erkunden und dabei herrlich entspannen kann.

Zur richtigen Zeit am richtigen Ort

Das sehr umfangreiche Moskauer Veranstaltungsprogramm findet man in englischer Sprache unter www.wordtravels.com/Cities/Russia/Moscow/Events.

Januar

› Das **Russian Winter Festival** lockt Freunde von Pferdeschlittenfahrten in den Ismailowo-Park. Dabei handelt es sich um eine Art Volksfest mit traditioneller russischer Küche.

Februar

› Die Moskauer **Fotobiennale** im MAMM ㊱ wartet alle zwei Jahre mit exquisiten Ausstellungen auf. Da die Fotografie als Kunstform seit einigen Jahren ein Comeback feiert, ist der Andrang groß (nächste Termine: 2020, 2022, www.mamm-mdf.ru).

März

› **Maslenniza** ist die sogenannte **Butterwoche**, die Ende Februar oder Anfang März stattfindet und in der man sich vor dem langen Fasten bis Ostern noch einmal den leiblichen Genüssen, vorwiegend den mit Butter hergestellten *blinys*, hingibt. Gefeiert wird vor allem auf der Twerskaja Ul. und in Kolomenskoje.
› Im Gostinyj Dwor zeigen russische Designer bei der **Moscow Fashion Week** im März und im Oktober ihre neuesten Kreationen (http://fashionweek.ru).

April

› **Golden Mask** ist das Theater-, Ballett- und Opernfest schlechthin, bei dem die besten Inszenierungen des Landes gezeigt werden (www.goldenmask.ru).
› Das russische Pendant zu New York und Paris, die **Mercedes Benz Fashion Week,**

Zur richtigen Zeit am richtigen Ort

findet im April und Oktober im World Trade Center statt (www.mercedesbenz fashionweekrussia.com).

Juni

› Nur alle vier Jahre findet der **Internationale Tschajkowskij-Wettbewerb** statt (nächster Termin: 2023), zu dem sich die besten Musiker aus der ganzen Welt einfinden.
› Das **Moskauer Filmfestival** wird alle zwei Jahre veranstaltet (www.moscowfilmfestival.ru), nächster Termin: 2020.
› Die **Moskauer Biennale für Junge Kunst** (http://youngart.ru) findet alle zwei Jahre von Juni bis August an verschiedenen Orten statt, nächster Termin: 2020.

Juli

› **Open-Air-Konzerte**, z. B. in Zarizyno (https://nashestvie.ru)

September

› Zur **Art Moscow** (www.art-moscow.ru) im Zentralen Haus des Künstlers kommen seit über 20 Jahren Kunstfans. Sie ist eine wichtige Messe für Moderne Kunst in Russland.

› Die **Cosmoscow-Messe** (www.cosmoscow.com) findet alljährlich im Gostiny Dwor statt und hat der Art Moscow den Rang abgelaufen.

Oktober

› Die **Moscow Biennale of Contemporary Art** (https://moscowbiennale.art) findet zwar nur alle zwei Jahre (2020, 2022) statt, lockt aber Künstler aus aller Welt nach Moskau und dauert zwei Monate.

November

› Die Internationale **Moskauer Buchmesse** (www.moscowbookfair.ru) gibt es schon seit 1977. Sie findet im Gostinyj Dwor statt.

Dezember

› Im Puschkin-Museum treten Musiker und Künstler im Rahmen der **Dezembernächte** (http://arts-museum.ru) auf.

Das Silvesterfeuerwerk auf dem Roten Platz ❹ lockt alljährlich Hunderttausende ins Zentrum

Feste und Feiertage

Es gibt elf offizielle Feiertage und eine ganze Reihe weiterer Festtage. An den Feiertagen sind die Museen teilweise oder ganz geschlossen.

- **1. Januar:** Neujahr (Silvesterkonzert im Konservatorium)
- **6. und 7. Januar:** Orthodoxes Weihnachtsfest, Geschenke gibt es aber an Neujahr
- **14. Januar:** Orthodoxes Neues Jahr (gefeiert wird am Abend, kein Feiertag)
- **19. Januar:** Epiphanias-Fest (Taufe Christi im Jordan), Weihung des Wassers in Kolomenskoje, danach Eintauchen in das Wasser, auch in Eislöcher (kein Feiertag)
- **23. Februar:** Tag der Verteidigung des Mutterlandes
- **8. März:** Internationaler Frauentag, arbeitsfrei, gefeiert wird am Abend des 7. März. Blumen für die Ehefrau, Kolleginnen oder Freundinnen sind ein Muss, zu Sowjetzeiten wurden die „Heldinnen der Arbeit" besonders geehrt.
- **19. April 2020, 2. Mai 2021, 24. April 2022:** das russische Osterfest Pascha (Karfreitag ist kein Feiertag)
- **1. und 2. Mai:** Tag der Arbeit. Der 1. Mai ist mittlerweile eher ein unpolitisches Frühlingsfest und endet üblicherweise in den Morgenstunden des 2. Mai im Wodkarausch.
- **9. Mai:** Tag des Sieges über den Faschismus. Ein wichtiger patriotischer Feiertag, Ehrungen, Veteranenmärsche, Kranzniederlegung am Grab des Unbekannten Soldaten.
- **12. Juni:** Nationalfeiertag, Tag der Unabhängigkeit, Sommerfest mit Feuerwerk, erinnert wird an die Auflösung der Sowjetunion 1991.
- **5. September:** Tag der Stadt Moskau, Karnevalsumzug auf der Twerskaja Ul., großes Feuerwerk
- **4. November:** Tag der Nationalen Einheit. Befreiung Moskaus von den polnischen und litauischen Besatzern 1612 (erstmalig begangen 2005).
- **12. Dezember:** Tag der Verfassung. An diesem Tag fanden 1993 die ersten freien Wahlen nach dem Ende der Sowjetunion statt. Der Feiertag wird nachgeholt, wenn er auf einen Samstag oder Sonntag fällt.

Back in the USSR? Seit 2009 rollen am Tag des Sieges wieder Panzer über den Roten Platz.

MOSKAU VERSTEHEN

Moskau – ein Porträt

„Maskwá", wie die Megastadt im Russischen heißt, meldet sich auf der Weltbühne zurück. Ein Jahrhundert lang galt Moskau als Symbol für Unterdrückung und als Metapher für den Kalten Krieg, als Zentrum des „anderen Europa". Heute ist die Stadt, die Mongolenstolz, Zarenhochburg und Welthauptstadt des Kommunismus war, eine pulsierende 13-Millionen-Metropole, in der viele exzentrische Träume ausgelebt werden. Das einstige „Kaufhaus des Ostens" (W. Kaminer) ist die postsowjetische Mega-Immobilie schlechthin: Zarenreich grüßt New Economy.

Die überdimensionierte Stadt

Dem Besucher eröffnet sich auf den ersten Blick ein offener, inhomogener Stadtraum mit überdimensionierten Magistralen, grauen Häusermeeren, goldenen Kuppeln und riesigen Blickachsen. Erst auf den zweiten Blick erkennt man in Moskau das Europäische. So hat der **Jugendstil** seine Spuren hinterlassen, genau wie italienische Baumeister im Kreml. Grüne Boulevards erinnern an Paris, zweistöckige Wohnhäuser an London, symmetrische Alleen an Berlin.

◁ *Vorseite: Vera Muchinas Skulptur (s. S. 57) von der Weltausstellung 1937 in Paris ist zurück*

Moskau befindet sich im **europäischen Teil Russlands**, auf 55,75 Grad nördlicher Breite und 37,62 Grad östlicher Länge. Der sich von Nord nach Südost ca. 80 km durch das Stadtgebiet schlängelnde **Fluss Moskwa** ist ein Nebenfluss der Oka, die in die Wolga mündet. Moskau ist **Hauptstadt und Regierungssitz der Russischen Föderation** und größte Stadt Russlands. Sie ist mit etwa 13 Millionen Einwohnern auch die **größte Stadt Europas** und seit der 2012 unter Bürgermeister Sobjanin beschlossenen Eingemeindung eines großen „Kuchenstücks" im Südosten („Neu-Moskau") mit einer Fläche von 2550 Quadratkilometern derzeit auf Platz 15 der größten Metropolregionen der Welt.

Konzentrische Kreise

Um den Kreml haben sich ähnlich wie um Paris fünf konzentrische Kreise gelegt, deren Struktur 1935 beschlossen wurde. Der erste Kreis, der **Kitaj-Gorod-Ring**, umschließt das historische Zentrum mit dem Kreml ⓭ und dem Roten Platz ❹. Der zweite Kreis endet am **Boulevard-Ring**, der Stadtgrenze aus dem 16. Jh. Das Gebiet zwischen 1. und 2. Ring wird als „Weiße Stadt" bezeichnet. Mit dem Begriff „Erdstadt" wird das Stadtgebiet zwischen Boulevard-Ring und **Gartenring** bezeichnet. Die äußere Begrenzung dieses dritten Kreises entspricht dem Erdwall aus dem 17. Jh. und fällt in etwa mit dem Metroring zusammen.

Die sieben Hügel

Auch wenn das Stadtgebiet von Moskau aus unzähligen Anhöhen besteht, ist der Mythos von der „Stadt auf sieben Hügeln" nicht haltbar. Das Märchen ersann 1520 der Mönch Filofei aus Pskow, der nach dem Untergang Roms als Zentrum der römisch-katholischen Kirche und Konstantinopels als Zentrum des orthodoxen Christentums **Moskau als „drittes Rom"** deklarieren wollte. Zu diesem Zweck machte er sich auf die Suche nach römischen Spuren in Moskau. Aber er fand nur, mit viel Fantasie, sieben mehr oder weniger kleine Hügel. Im Grunde ist jedoch nur der Kreml-Hügel im geografischen Sinne eine Erhebung.

Stadtarchitektur

Im 14. Jh. entstehen in Moskau neben den eingeschossigen Holzbauten, den sogenannten *isbas,* die **ersten Sakralbauten aus Stein und Ziegel**. Mitte des 15. Jh. beschließt Iwan der Große, dem Kreml mit italienischen Baumeistern zu mehr Größe zu verhelfen. Ein neuer russischer Kirchentypus wird mit der ersten **Zeltdachkirche** 1532 in Kolomenskoje ㊴ geschaffen. Ein weiterentwickeltes Beispiel, eine Verbindung von byzantinischer Kuppelkirche und russischer Zeltdachkirche, ist die 1555 errichtete Basilius-Kathedrale ❼. Im frühen 16. Jh. entstehen **erste „zivile" Stein- und Ziegelbauten** wie der alte Englische Hof und der Palast der Bojaren Romanow ❾. Bojaren waren Adelige und Großgrundbesitzer unterhalb des Ranges eines Fürsten oder Zaren.

Ab 1714 (bis 1741) werden Steinbauten nur noch in der von Peter dem Großen ausgerufenen neuen Hauptstadt St. Petersburg toleriert. Aus diesem Grund gibt es heute in Moskau nur wenige Hinterlassenschaften aus der Zeit des **Barock.**

Katharina die Große bringt nach ihrer Thronbesteigung 1762 den **Klassizismus** nach Moskau. Sie will die Stadt europäisieren, allerdings geht ihr später das Geld aus. In dieser Zeit wird das Senatsgebäude im Kreml gebaut. Das Paschkow-Haus und einige Herrensitze folgen. 1812 zerstört der „Napoleon-Brand", bei dem die Moskauer ihre Stadt in Brand setzten, um die Versorgung der französischen Armee zu schwächen, drei Viertel der gesamten Bausubstanz Moskaus.

Danach löst der griechische Stil den römischen ab. Die Bauten im **Empire-Stil** zeichnen sich durch Einfachheit und Strenge aus.

Der sogenannte **Historismus** (auch abwertend Eklektizismus genannt) ist eine Rückbesinnung auf die altrussische Baukunst und gleichzeitig der russische Versuch, einen eigenen

◻ *Moskau ist die größte Stadt Europas*

Stalins „sieben Schwestern"

„In diesen Gebäuden konzentriert sich die einzigartige Energie Moskaus." (Jacques Herzog, Herzog & de Meuron). 1947, auf dem Höhepunkt seiner Macht, beschloss Josef Stalin, Moskau anlässlich des 800-jährigen Stadtjubiläums eine unverwechselbare Silhouette zu geben und sich selbst ein Denkmal zu setzen. Acht riesenhafte Turmbauten im neoklassizistischen Stil, dem sogenannten, am alten Athen orientierten, „Zuckerbäckerstil" (Säulen, Gesimse und Turmaufsätze und Sockelgeschosse aus Naturstein, vermischt mit Elementen der Renaissance und der tatarischen Bauweise) sollten den Sozialismus in der Architektur preisen: kleine 2-Zimmer-Wohnungen in monumentaler Palastarchitektur, oder, wie Stalin sagte: „national in der Form, sozialistisch im Inhalt". Stalins geheimes Vorbild waren die New Yorker Wolkenkratzer aus den 1930er-Jahren. So entstanden Stahlskelettbauten, die mit Ziegelsteinen ausgefacht und mit Natursteinplatten verkleidet wurden. Die Architekturdenkmäler der Stalin-Zeit dominieren noch heute die Skyline.

Die achte „Stalin-Kathedrale" mit einer Höhe von 420 Metern sollte auf dem Areal des mittlerweile abgerissenen Hotels Rossija in Kreml-Nähe entstehen, war jedoch ästhetisch nicht vertretbar.

Eine der „sieben Schwestern" sollte man sich unbedingt aus der Nähe ansehen:

- •105 *[B5]* **Außenministerium**, *Smolenskaja-Sennaja Pl. 32/34, Metro: Smolenskaja.* Das 27 Stockwerke hohe Außenministerium wurde von Michail Minkus und Wladimir Gelfreich ersonnen und von 1948 bis 1953 gebaut.
- •106 *[H1]* **Hotel Leningradskaja**, *Ul. Kalantschewskaja 21/40, Metro: Komsomolskaja.* Das berühmte Hotel wurde von 1949 bis 1953 erbaut und von Leonid Poljakow entworfen. In dem sanierten Gebäude kann man jetzt wieder fürstlich logieren, das aber zu entsprechenden Preisen.
- •107 *[ak]* **Moskauer Staatliche Universität (MGU)**, *Uniwersitetskaja Pl. 1, Metro: Uniwersitet.* Die Moskauer Staatliche Universität wurde 1953 fertiggestellt. Der größte der sieben Turmbauten ist 240 Me-

ter hoch und hat vier Gebäudeflügel. Der Anfangsentwurf stammte von Boris Iofan, die Ausführung übernahm Lew Rudnew. Das Gebäude verfügt über ein Volumen von rund 2 Mio. Kubikmetern. Allein die Korridore sollen 33 Kilometer lang sein .

❯ *Das **Radisson Collection Hotel** (s. S. 121, früher Ukraina Hotel) wurde 1950-1956 erbaut und von Arkadi Mordwinow entworfen. Die fantastische Lobby Bar hat 24 Std. geöffnet und bietet eine erstklassige Möglichkeit, hinter die Kulissen eines dieser pseudogotischen Kolosse zu blicken. Im 30. Stock hat man in der Mercedes Bar einen Blick auf ganz Moskau, und das nicht nur als Hotelgast.*

●**108** *[H2] **Verwaltungsgebäude in der Ul. Sadowaja-Spasskaja**, Metro: Krasnyje Worota (Lermontow-Turm). Das frühere Transportministerium und heutige Verwaltungsgebäude wurde 1948 bis 1953 von Alexej Duschkin entworfen.*

●**109** *[B3] **Wohnhaus am Kudrinskaja Pl. 1**, Metro: Barrikadnaja. Dieses Wohnhaus wurde von Michail Posochin erdacht und 1954 fertiggestellt. Es ist noch heute eine beliebte Adresse für Regierungsbeamte.*

●**110** *[G6] **Wohnhaus in der Kotelnitscheskaja Nab. 17/1**, Metro: Kitaj-Gorod. Das Wohnhaus wurde von Dmitrij Tschetschulin entworfen und 1948 bis 1952 erbaut.*

◁ *Blick auf das urbane Moskau – auch auf Architektur der Stalin-Zeit*

nationalen Stil nach europäischem Vorbild zu entwickeln. Der Große Kremlpalast ⓮ und das Historische Museum ❶ erinnern an diese Epoche. 1851 wird die erste Eisenbahntrasse von Moskau nach St. Petersburg eingeweiht, und nach Pariser Vorbild entstehen große Magistralen. Letzte historisierende Tendenzen sind noch beim Bau des riesigen Einkaufszentrums GUM (1893) ❺ am Roten Platz ❹ zu sehen.

Mit dem Jahrhundertwechsel setzt ein Modernisierungsschub ein: die kurze, aber prägende Zeit des **stil modern** (s. S. 39), der strengen russischen Variante des europäischen Jugendstils. Die Blütezeit dieses opulenten, bürgerlichen, von den Kommunisten als „dekadent" bezeichneten Stils dauert nur 10 Jahre. Einer seiner größten Verfechter ist ein Deutscher: **Fjodor Schechtel**, dem die Stadt mehr als 40 Gebäude, wie etwa das Gorki-Wohnhaus ㉝, die Villa Morosowa und den Jaroslawler Bahnhof [H1] verdankt.

Nach der Oktoberrevolution im Jahre 1918 bringt die sogenannte **Revolutionsarchitektur** „Architektur für den neuen Menschen". Kommunehäuser, Kulturpaläste und Arbeiterklubs machen Moskau zum „Utopia", dem ultimativen Ideal des sozialen Zusammenwohnens. Die Architekten Konstantin Melnikow, Moisej Ginzburg, die Gebrüder Wesnin und Ilja Golosow und andere läuten mit dem **Konstruktivismus** die 1920er-Jahre ein und prägen das Stadtbild mit ihren funktionellen, gut durchdachten Bauten wie etwa das Narkomfin-Haus, das Mostorg-Kaufhaus oder der Arbeiterklub Zujew.

Mit einem **Generalplan** will Stalin der Metropole eine neue Silhouette geben. 1931 wird die Christ-Erlöser-Kathedrale auch als Zeichen der Missachtung der orthodoxen Kirche gesprengt. Beim Bau der zeitgleich begonnenen Metro wird der Marmor der Kathedrale wieder verwendet. Ein gigantischer „Palast der Sowjets" mit einer 70 Meter hohen Lenin-Statue soll auf dem Areal entstehen. Die Verbreiterung der Twerskaja Uliza 1931 ist der größte Eingriff in das Stadtbild, Stalin orientiert sich an den Pariser Boulevards. 1935 wird, nach mehrjähriger Ausarbeitung, der Generalplan der Öffentlichkeit präsentiert. Im selben Jahr fährt die erste Metro. Nach Ende des Zweiten Weltkriegs wird der Bau des Palastes auf Eis gelegt. Stattdessen beschließt Stalin, sich auf eine andere Art im Stadtbild zu verewigen. Er lässt **sieben „Stalin-Kathedralen"** (siehe Exkurs S. 90) errichten.

Ab den 1950er-Jahren dominiert der sachliche Baustil, die „Sowjetmoderne". Anfang der 1990er-Jahre setzt ein ungeahnter **Investitions- und Bauboom** ein. Mitte der 1990er-Jahre wird Jurij Luschkow Bürgermeister und beginnt, das Stadtzentrum zu rekonstruieren. Er lässt vornehmlich Bürogebäude und Mega-Shopping-Malls errichten. Rekordpreise für Öl, Gas und Stahl spülen Milliarden in die Hauptstadt. Das neue Handelszentrum **Moscow City** ist der bislang exzentrischste Traum der Stadtoberen. Die internationale Finanzkrise lässt einige Wolkenkratzer zwischenzeitlich zu Bauruinen werden. Seit 2017 werden die Plattenbauten aus den 1950er-Jahren *(Chruschtschowiki)* abgerissen und durch Neubauten ersetzt.

Von den Anfängen bis zur Gegenwart

Im 6. Jh. wandern slawische Stämme aus dem Gebiet der Karpaten in das heutige Russland ein. Im 9. Jh. bringen die schwedischen Waräger (Wolgawikinger) das Gebiet unter ihre Kontrolle und vermischen sich mit den Slawen. 1147 gilt als das Gründungsjahr Moskaus. Nach Tatarenherrschaft und Zarenreich, nach Oktoberrevolution und Zweitem Weltkrieg herrscht über 40 Jahre Kalter Krieg. Als die Sowjetunion 1991 zerfällt, kehrt die fast 900 Jahre alte Stadt in ihrer Funktion als Hauptstadt Russlands auf die Weltbühne zurück.

1147: Fürst Jurij Dolgorukij (1090–1157), Warägernachfahre aus dem Geschlecht der Rurikiden und Großfürst von Kiew, der bereits 428 von Ostslawen gegründeten „Mutter aller russischen Städte" und damaligen Hauptstadt des Reiches der Rus, lässt auf seinem Jagdgebiet im Norden des Reiches eine hölzerne Stadt errichten, die er nach dem dortigen Fluss benennt: Maskwá.

1156: Die erste Wehranlage entsteht, sie trägt den Namen „Kreml".

KURZ & KNAPP

Moskau in Zahlen
- **Gegründet:** 1147
- **Einwohner:** ca. 13 Mio. (Agglomeration 17 Mio.)
- **Bevölkerungsdichte:** 4965 Einwohner/km^2
- **Fläche:** 2550 km^2
- **Höhe ü. M.:** 156 Meter
- **Verwaltungsbezirke:** 12
- **Kirchen:** 200
- **Orthodoxie:** Moskau hat weltweit die größte Zahl an orthodoxen Einwohnern.

1263: Moskau wird in den Rang eines Fürstentums erhoben. Die russischen Fürsten müssen 240 Jahre lang Abgaben an die Tataren entrichten, die über die russländischen Gebiete herrschen. Das „Tatarenjoch" isoliert Russland von Westeuropa.

1328 verlegt Iwan I., Großfürst von Wladimir, das Zentrum der russisch-orthodoxen Kirche in die Handelsmetropole Moskau, die damit zur Hauptstadt des russischen Reiches wird.

1435 beansprucht Moskau kirchlich und ideologisch das umfassende Erbe von Konstantinopel als „drittes Rom". Im 9. Jh. hatte der Mönch Cyril das Christentum und das Alphabet aus Byzanz nach Moskau gebracht.

1472: Iwan III. heiratet eine byzantinische Prinzessin, Moskau wird zum Hort der Orthodoxie.

1480: Moskau entledigt sich der Tatarenherrschaft, der Ausbau des Kremls beginnt. Die Stadt wird zum Zentrum des wachsenden russischen Reichs.

1547: Nach seiner Krönung dehnt Iwan IV. sein Reich bis nach Sibirien aus. Ihm gelingt im Jahr 1552 der endgültige Sieg über die Tataren.

1598: Mit dem „Usurpator" Boris Godunow kommt erstmals ein Nichtadeliger an die Macht.

1612: Im Polnisch-Russischen Krieg (1609–1618) wird Moskau von polnischen Truppen eingenommen und anschließend befreit. Michail wird der erste Zar aus dem Geschlecht der Romanows.

1653: Zar Alexej ernennt den Reformer Nikon zum Patriarchen, der die Spaltung der russisch-orthodoxen Kirche in Reformer und Altgläubige mit initiiert.

1696: Peter I., genannt der Große, wird Alleinherrscher und forciert den Anschluss Russlands an den Westen. Als seine Verwandten im Kreml ermordet werden, ernennt der selbsternannte „allrussische Kaiser" (er schafft die Zarentitel ab) St. Petersburg zur neuen Hauptstadt. Die auf dem Reißbrett von ihm konzipierte Hafenstadt soll Russland nach Westen hin öffnen. Moskau bleibt 200 Jahre eine Ansammlung von Holzhäusern im Schatten von St. Petersburg, ist aber weiterhin Krönungsstadt.

1812: Wirtschaftliche Schwierigkeiten zwingen Russland zur Aufkündigung der Handelsblockade Frankreichs gegen England, was Napoleon mit dem Einfall seiner 600.000 Mann starken „großen Armee" in Moskau beantwortet. Er will „nicht den Kopf Russlands, sondern sein Herz". Alexander I. ordnet an, die Stadt zu räumen, fast 100.000 Bewohner fliehen. Die verbliebenen Bewohner zünden die Stadt an, damit Napoleon sein dringend benötigtes Winterquartier nur noch in Schutt und Asche vorfindet. Die durch Erschöpfung und Nahrungsmangel stark dezimierte Armee erlebt den russischen Winter. Alexander weigert sich zu kapitulieren. Daraufhin tritt Napoleon den Rückzug an, aber die russische Armee folgt ihm bis nach Paris.

1814 zieht die russische Armee mit den Alliierten in Paris ein. Nach dem Sieg über Napoleon wird Russland zur europäischen Großmacht.

1861: Die Leibeigenschaft wird formal abgeschafft.

1898: Moskau hat erstmals 1 Mio. Einwohner.

1905: Es kommt aufgrund wirtschaftlicher Not zur Revolution von 1905, die Kaiser Nikolaus II. blutig niederschlägt.

1914–1918: Im Ersten Weltkrieg kämpft Russland auf der Seite der Alliierten Frankreich, Italien, Japan, den USA, Serbien und Großbritannien gegen Deutschland, Österreich-Ungarn, das Osmanische Reich und Bulgarien. Der Tod von Millionen von Menschen, verlorene Schlachten und Hungersnot führen zum

Widerstand gegen die Kaiserherrschaft und zur Februarrevolution.

1917: Der Kaiser wird zunächst zur Abdankung gezwungen und 1918 ermordet.

1918: Wladimir Iljitsch Lenin, Gründer der Sozialdemokratischen Arbeiterpartei, beendet den Krieg gegen Deutschland und macht Moskau zur neuen Hauptstadt. Es folgt ein mehrjähriger Bürgerkrieg, bei dem die Rote Armee gegen die Weiße Armee siegt.

1922: Nach der Gründung der Sowjetunion setzt Lenin die Neue Ökonomische Politik (NEP) durch und lässt Privateigentum zu. Moskau wird zum Zentrum der kulturellen Avantgarde Europas.

1924: Nach dem Tod Lenins gelangt Josef Stalin an die Macht. In Moskau regieren fortan das staatliche Plankomitee ... und der Schrecken. Über 1 Mio. Menschen werden ermordet, 15 Mio. werden verhaftet und in Lager gebracht. Die Stadt wächst trotz Hungersnöten weiter.

1937: Die Sowjetunion gewinnt auf der Weltausstellung in Paris den ersten Preis für den grandiosesten Pavillon.

1939: Moskau hat 4,5 Mio. Einwohner und wird im neoklassizistischen Stil umgestaltet.

1941: Deutsche Truppen marschieren in die Sowjetunion ein und belagern 900 Tage lang Leningrad (das heutige St. Petersburg). Die Wehrmacht kehrt jedoch zehn Kilometer vor Moskau um, da Hitler die Kampfkraft des Gegners und den russischen Winter unterschätzt hat.

1953: Bis zu Stalins Tod versinkt das Land in Terror und Despotismus. Sein Nachfolger Nikita Chruschtschow ist mit dem Mauerbau, Gagarins Weltraumflug und der Kubakrise verbunden, während der die Welt an den Rand eines Atomkriegs gerät.

1964: Leonid Breschnew regiert 18 Jahre lang. Unter seiner Führung wird die Nomenklatura immer mächtiger, während die Wirtschaft des Landes auf primitiven Tauschhandel zurückfällt. Die „Zeit der Stagnation" bietet aber auch eine gewisse Ruhe und Sicherheit für die Bevölkerung. Es kommt zum Einmarsch in Afghanistan und zum Boykott der in Moskau stattfindenden Olympischen Spiele 1980. Den Niedergang des kreditabhängigen Landes können auch seine Nachfolger Jurij Andropow und Konstantin Tschernenko nicht aufhalten, die beide nur kurzzeitig die Geschicke des Landes lenken.

1985: Michail Gorbatschow wird zum Generalsekretär der Kommunistischen Partei gewählt. Seine Reformversuche, die unter den Schlagworten „Glasnost" (Transparenz) und „Perestrojka" (Umgestaltung) bekannt werden, machen die Agonie des Sowjetstaates immer sichtbarer.

1989: Der eiserne Vorhang fällt, die Berliner Mauer ebenso. Boris Jelzin wird zum Vorsitzenden des Obersten Sowjets gewählt, Gorbatschow bleibt Generalsekretär.

1991: Boris Jelzin wird Präsident und das erste frei gewählte Staatsoberhaupt der Russischen Föderation. Es kommt zum Putsch gegen Gorbatschow, aus dem dieser geschwächt hervorgeht. Jelzin und Gorbatschow besiegeln die Auflösung der UdSSR. Nach der Gründung der Gemeinschaft unabhängiger Staaten (GUS) tritt Gorbatschow zurück. Moskau bleibt Hauptstadt der Russischen Föderation.

1993: Es kommt zu einem Putsch konservativer Politiker, den Jelzin mit Gewalt niederschlagen lässt. Eine neue Verfassung wird angenommen.

1997: In Moskau finden die Feierlichkeiten zum 850. Jahrestag der Stadtgründung statt. Die Wirtschaft gerät in eine tiefe Krise.

1999: Der schwerkranke Jelzin tritt zurück. Sein Nachfolger wird Wladimir Putin, ein ehemaliger KGB-Offizier. Putin schafft es, die Wirtschaft anzukurbeln, der hohe Ölpreis kommt ihm zu Hilfe. Moskau boomt. Putins „gelenkte Demokratie" verwandelt sich zusehends in ein System mit autoritären Zügen und mangelnder Pressefreiheit.

2004: Putin wird mit großer Mehrheit wiedergewählt.

2008: Fast 52 Mio. Russen stimmen für Dmitrij Medwedew als Präsidenten, der gleich nach Amtsantritt die Amtszeit von vier auf sechs Jahre verlängert. Putin bleibt ihm als Premierminister erhalten.

2010: Medwedew gibt den Startschuss für das Innovationszentrum Skolkowo, einen Uni- und Wissenschaftscampus 30 Kilometer südwestlich von Moskau.

2012: Im Anschluss an Putins Rückkehr in das Amt des Präsidenten und die offensichtlich manipulierten Wahlen kommt es zu den größten Demonstrationen, die das Land seit den 1990er-Jahren erlebt hat.

2014: Mit den teuersten Olympischen Winterspielen aller Zeiten in Sotschi erfüllt sich Putin einen Traum.

2014: Im Anschluss an den Regimewechsel in der Ukraine annektiert Putin in einem völkerrechtswidrigen Verfahren die autonome ukrainische Republik Krim, die nach einem umstrittenen Referendum jetzt zur Russischen Föderation gehört. 1954 war die Halbinsel von Chruschtschow an die Ukraine angegliedert worden.

2018: Waldimir Putin wird für sechs weitere Jahre zum Staatsoberhaupt gewählt.

2018: Die Fußball-WM, eines der größten Sportereignisse der Welt, findet in elf Städten im europäischen Teil des riesigen Landes statt. Das Finale wird in Moskau ausgetragen.

2021: E-Visa sollen für Moskau-Besucher eingeführt werden.

2022: Volleyball-WM der Herren in Russland (u. a. in Moskau)

Leben in der Stadt

Moskau ist die Hauptstadt des flächenmäßig größten Landes der Erde und das wichtigste politische und industrielle Zentrum Russlands. Hier sind etwa 80 % des Finanzpotenzials des Landes konzentriert, Regierung, Parlament und Präsident haben ihren Sitz an der Moskwa. In Moskau zu leben gilt als Privileg, da es hier Arbeit gibt und das Angebot an Kultur groß und die Lebensqualität hoch sind.

Nichts für schwache Nerven

Die pragmatische Art, mit der mehr als 13 Millionen Moskowiter sich in diesem undurchdringbar scheinenden Dschungel zurechtzufinden, verblüfft den Besucher. Weite Entfernungen, fragwürdige Verkehrsführungen, schwierige Witterungsbedingungen, überfüllte Metrowaggons und der hektische **Lebensrhythmus** machen das Leben in dieser Metropole zu einer wahren Übung in Demut. Und doch empfinden Russen Moskau als ihre Heimat – und nicht Russland. „Moskau ist für jeden Russen wie eine Mutter", sagte schon Leo Tolstoj.

Drei **ethnische Grundeinflüsse** finden in diesem Amalgam aus 140 Nationalitäten zusammen: das Ost-Slawische, das Finno-Ugrische und das Turkvölkische. Wider Erwarten sind die Moskowiter sehr **deutschfreundlich** (gegenwärtig leben ca. 40.000 Deutsche in Moskau). Lange Jahre fühlten sich die Russen wie Kriegsverlierer, aber ihrer Bewunderung für die Tatkraft der Deutschen hat das keinen Abbruch getan. Problematisch ist das Verhältnis zu den „Schwarzen" *(tschornyje),* den in Moskau lebenden Kaukasiern.

Rempeleien und **Berührungen** beispielsweise in der Metro sind gewöhnungsbedürftig. Russen halten weniger als einen halben Meter Abstand zu ihrem Gegenüber, Deutsche einen Meter. Türen werden nicht aufgehalten, eine gewisse Rücksichtslosigkeit erstaunt den Besucher. Sie kommt noch aus einer Zeit, als Moskau *„peasant metropolis"* war, eine von Bauern bevölkerte Handelsstadt.

„Fort Knox"

Dem Besucher bleibt Moskau oft verschlossen. Die Moskowiter leben hinter mehrfach verriegelten, nur mit Codes zu öffnenden Haus- und schallisolierten Etagentüren. Sie lieben **Hintereingänge**. Oftmals muss man in Hinterhöfen lange nach einem Eingang zu einem Lokal oder einer Galerie suchen. Von sieben Türen ist fast immer nur eine einzige geöffnet. Jahrhunderte gewaltsamer **Zentralisierung** haben aus der Stadt ein verriegeltes Fort Knox mit besonderen Bewohnern gemacht.

Spricht man einen Moskowiter an, ist er **oft mürrisch**. Die Antwort auf eine Frage fällt meist kurz aus.

Versucht man sich als Ausländer auf Russisch, wiederholen sie jedes Wort, als hätte man es falsch ausgesprochen (hat man wahrscheinlich auch!). Aber sie zeigen auch, wenn man ihnen gefällt. Nur lächeln tun sie nie. Man kennt sich schließlich nicht. Wer lächelt, ist entweder Ausländer oder hat böse Absichten, heißt es.

Kosmopoliten

Moskau ist kosmopolitisch geworden. Der **westliche Einfluss** hat die multiple, asiatisch-europäische Identität der Bewohner bereichert. Vor allem die jüngere Generation spricht Englisch, genauer: Amerikanisch. Moskowiter sind hip und weltläufig geworden. Die Stadt ist in der Jetzt-Zeit angekommen und hat mit anderen Metropolen gleichgezogen. Viele Lokalitäten haben 24 Std. am Tag geöffnet, die Moskowiter von heute sind Nachteulen und Langschläfer. Seit der Einführung

Street-Art in Moskau

Street-Art gilt als demokratische, da weithin sichtbare Kunstform. Einem neuen Gesetz zufolge sollen die farbintensiven Blickfänge in Moskaus Stadtbild fortan reglementiert werden. Seit August 2019 operiert eine „Graffiti-Polizei". Künstler und Hausbewohner müssen jetzt mehrere Anträge absegnen lassen, bevor mit einem Gemälde begonnen werden darf. Das fertige Werk wird von einer Behörde abgenommen und im Zweifel übermalt.

Auch in Metropolen wie New York oder London müssen die Hauseigentümer ihr Einverständnis zu einem Fassadengemälde geben. In Berlin wird das Gesetz jedoch relativ lax gehandhabt, da Studien belegen, dass hochwertige, weil staatlich geförderte Street-Art (im Gegensatz zu dilettantischen Graffiti) Kriminelle vertreibt.

Es kann nur als großes Glück für alle Street-Art-Liebhaber gesehen werden, dass das Moskauer Mega-Projekt Atrium noch vollendet werden konnte. Das Riesenkaufhaus wurde Anfang 2019 von elf international bekannten Künstlern in nur vier Monaten in einen spektakulären Street-Art-Tempel verwandelt, der seither täglich Tausende Besucher anzieht. Unter den Künstlern waren auch der russische Begründer des Kalligrafuturismus, Pokras Lampas, und der Brite Ben Eine, ein Pionier der Buchstabenkunst, der das Atrium mit einem „Moscow Moscow"-Schriftzug versah. Mischa Most, ein anderer in der Szene bekannter Russe, sprayt seine Gemälde jetzt mit einer programmierten Drohne. Ob man dessen Kunstwerke und die seiner Kollegen zukünftig noch in Moskau zu sehen bekommt, ist im Augenblick alles andere als sicher ...

- ●111 [H4] **Atrium,** Semljanoj Wal 33, Metro: Kurskaja (Nähe Winsavod) oder mit dem Bus B, der im Kreis über den Gartenring fährt, www.atrium.su (mit einem Film über die Aktion „The beginning")
- › *https://2gis.ru/moscow:* Auf der Karte sind alle Street-Art-Gemälde von Moskau eingezeichnet, mit Suchfunktion auf Russisch.
- › *https://streetart360.net/2019/05/17/artrium-the-largest-artwork-in-the-centre-of-moscow*
- › *https://pokraslampas.com* (mit einem Bild vom Calligraffiti auf dem Dach der Schokoladenfabrik)
- › **www.mishamost.com** (Misha schuf 2017 das größte Mauer-Street-Art-Werk der Welt)

▷ „Moscow Clock Tower" von Tristan Eaton

◁ Eislaufen auf dem Roten Platz ❹

der **Reisefreiheit** 1993 und der besseren Verdienstmöglichkeiten jetten sie um die Welt und bringen von dort Ideen und neue Ansprüche mit. Junge Moskowiter finden Ausländer „cool".

40 % der Moskowiter gehörten bereits der **neuen Mittelschicht** an, die zwischen 1000 und 2000 € netto im Monat verdiente, ein Auto und eine Wohnung besaß, Essen ging und in den Urlaub fuhr. Seit dem Rubelverfall nach 2014 im Anschluss an die gegen Russland verhängten Sanktionen hat die Mittelklasse an Kaufkraft eingebüßt. In den Geschäften stapeln sich die Waren. Viele nehmen Nebenjobs an oder Konsumentenkredite auf.

Die Selbstdarstellung

Wie in anderen Metropolen auch spielt in Moskau das äußere Erscheinungsbild eine große Rolle. Dabei fallen dem Besucher in erster Linie die perfekt geschminkten, auffallend farbenfroh und damenhaft gekleideten **russischen Frauen** auf. Stöckelschuhe lenken die Blicke der vergleichsweise uniform gekleideten russischen Männer auf die oft sündhaft teuren eleganten Roben der Damen. Pelze, Schmuck und Designerkleidung bestimmen heute das Selbstverständnis der Moskowiterinnen. Ohne Smartphone oder Tablet geht niemand mehr aus dem Haus. Hat man einen bestimmten gesellschaftlichen Status erreicht, braucht man **sichtbare Statussymbole**, die oft auf unbeholfene Art zur Schau gestellt werden. Ungezwungene Treffen in Freizeitkleidung wird man in der Öffentlichkeit nicht finden, schon gar nicht unter Männern. Ein gewisser **Hang zur Exzentrik**, zum Hedonismus und zum Märchenerzählen sowie ein ausgeprägter Aberglaube bilden einen wohltuenden **Kontrast zur europäischen Sachlichkeit.**

Der Irrsinn

Eine gewisse **Absurdität** ist dem Alltag der Moskowiter nicht abzusprechen. Auch kämpfen sie gegen einen Irrsinn, den sie oft selbst heraufbeschwören. Sie baden in verseuchten Flüssen und in den Whirlpools snobistischer Fitness-Klubs für 2000 € Mitgliedsbeitrag im Monat, sie lieben billige schwarze Lederjacken und teure Nerzmäntel, sie essen Gänseleberpastete in sündhaft teuren Restaurants und kaufen bei –30 Grad Celsius Eis am Straßenkiosk, sie trinken Wodka auf Friedhöfen und Kwas (Brotgetränk) an Metroeingängen, sie verehren Puschkin und Hausschuhe. Die aus der Sowjetära stammende Russenpelzmütze ist übrigens nur bei Männern unter 40 out. Alle älteren Russen tragen bis auf wenige Ausnahmen im Winter noch immer die schwere, unförmige Kopfbedeckung, der selbstbewusste junge Russe hingegen trägt lediglich eine hippe Wollmütze ...

Tourismus

Die Fußball-WM 2018 in Russland bescherte allein Moskau 5 Mio. Besucher aus nicht russischsprachigen Ländern. Aus Deutschland kamen 320.000 Gäste. Moskau schaffte es erstmals in die Rangliste der 50 meistbesuchten Städte der Welt. Geplant ist, bis 2025 unter die ersten zehn zu kommen. Der niedrige Wechselkurs und neue Dreisternehotels machen Moskau auch für breitere Bevölkerungsschichten erschwinglich.

Moscow City – der Himmel über Moskau

Aus der größten Baustelle Europas in den 1990er-Jahren ist ein **quirliger neuer Stadtteil mit Straßencafés, Mini-Gärten und Holzschaukeln** geworden. Moskau orientiert sich jedoch weniger an Europa als an asiatischen Megastädten wie Peking, Seoul oder Singapur. So hat auch das gigantische, vier Kilometer Luftlinie vom Kreml entfernt gelegene Finanzzentrum „Maskwa-City" (Москва-Сити) mit einigen der derzeit höchsten Wolkenkratzern Europas mehr Ähnlichkeit mit Pudong in Shanghai als etwa mit Canary Wharf in London. Auf 60 Hektar ist eine **neue Kleinstadt für bis zu 300.000 Bewohner und Angestellte** entstanden. Allein fünf Glastürme sind höher als 300 m (in New York sind es acht). Derzeit befinden sich sieben der zehn höchsten Gebäude Europas in Moskau. Der erste Platz wird vom Lakhta Centre in St. Petersburg gehalten. Londons The Shard belegt den fünften und Sapphire in Istanbul den zehnten Platz. Bis 2018 war der Federazija-Komplex der höchste Wolkenkratzer. Gleich drei Metrostationen (Delowoj Zentr, Meschdunarodnaja und Wystawotschnaja) verbinden die „City" mit Moskaus Zentrum.

Das prägnanteste Gebäude ist wohl der verdrehte Turm namens **Evolution Tower**, bei dem jedes Stockwerk um 3 Grad versetzt wurde, so dass sich eine vermeintliche Fassadendrehung von 156 Grad ergibt.

Nabereschnaja ist ein Komplex aus drei Hochhäusern, darunter einem 268 Meter hohen Wolkenkratzer. Die drei auf einem kreisrunden Grundriss einander zugeneigten Gebäude beherbergen Büroräume.

Der **Federazija-Komplex** besteht aus zwei ungleichen, einander zugeneigten Türmen mit konvexer Fassade. Der 374 Meter hohe Turm mit 95 Etagen trägt den offiziellen Namen **Wostok** (Osten), der mit 244 Metern kleinere Turm heißt **Sapad** (Westen). Im Wostok Tower gibt es im 89. Stock eine verglaste Aussichtsplattform (Panorama 360, http://pnr360.ru).

Der **Mercury Tower** verjüngt sich nach oben und ist unschwer an der goldrot schimmernden Glasfassade zu erkennen. Die sechs aufeinander gestapelten „Bauklötze" der aus zwei Türmen bestehenden **Gorod Stoliz** („Stadt der Hauptstädte") stellen Moskau und St. Petersburg dar. Natürlich ist der Moskau-Tower höher …

Das höchste Gebäude, der von den Architekten des Burj Khalifa in Dubai entworfene, aus zwei Türmen bestehende **Oko Tower**, kann in einem der beiden Türme mit der **höchsten Terrasse Europas** aufwarten: der Bar **Terrasse 354**. Im 85. Stock liegt das gehobene Restaurant **Ruski** mit heimischer Küche.

Der zweistufig aufgebaute **Eurasia Tower** mit den hellgrünen Glasfronten erreicht eine Höhe von 309 Metern.

Der **Imperia Tower** ist unschwer an der ellipsenförmigen Aussparung in der Glasfassade zu erkennen. Im 56. Stock ist das **Moscow City Museum** untergebracht, in dem mit interaktiver Technik und **VR-Brille** gezeigt wird, wie zwölf Wolkenkratzer das Antlitz der Stadt verändert haben, aber auch (durch ein Extrafenster), wie die Skyline mit den nur auf dem Papier entworfenen Avantgardebauten der Sowjetzeit ausgesehen hätte. Im Museum gibt es ein Café, die High Bar (hausgemachte Limonaden), einen Souvenirshop, *pufniki* (Sitzkissen) … und eine spektakuläre

Moscow City – der Himmel über Moskau

Aussicht. Eines der wenigen Wolkenkratzerhostels weltweit (Icon Hostel, s. S. 122) ist ebenfalls in dem kühnen Glasturm zu finden (43. Stock). Der Imperia Tower hat außerdem einen direkten Anschluss zur Anlegestelle der Ausflugsschiffe.

Das Restaurant **Sixty** (s. S. 65) im **Federation Tower** lädt ebenfalls in den Himmel über Moskau ein. Im Erdgeschoss des **Nabereschnaja Towers** befindet sich das Selbstbedienungslokal **Obedbufet**.

Die **Afi-Mall** (s. S. 81) inmitten der Wolkenkratzer bietet einen Flugsimulator (www.dream-aero.ru), den größten VR-Park Europas mit dreißig Spielen für alle Altersgruppen, beides im sechsten Stock (tägl. 10–22 Uhr), 400 Geschäfte sowie den schönsten Selfie-Spot der Stadt: eine XXL-Spiegel-Bling-Bling-Matrjoschka im fünften Stock vor der Mad Men Bar.

❶ 112 [bi] **Terrasse 354**, Oko Tower, 92. Etage, Metro: Meschdunarodnaja, https://smotra-city.ru, Mo.–Fr. 12–23, Sa./So. 10–23 Uhr, Eintritt ca. 20 € (ein Getränk inklusive)

❶ 113 [bi] **Ruski Restaurant** €€–€€€, 1. Krasnogwardejskij Projesd 21, Oko Tower, 85. Etage, Metro: Meschdunarodnaja, http://ruski.354group.com, Tel. 7777111, tägl. 12–24 Uhr

❶ 114 [bi] **Moscow City Museum**, Imperia Tower, 56. Etage, Metro: Delowoj Zentr, http://museum.citymoscow.ru/en, Mo. 16–22, Di.–So. 10–22 Uhr, Eintritt mit VR-Brille 13 €, ohne 10 €, Ermäßigung 10–12 Uhr

❶ 115 [bi] **Obedbufet** €, im IBM Tower, einem der Nabereschnaja Tower, Erdgeschoss, Presnenskaja Nabereschnaja 10, Metro: Meschdunarodnaja, http://msk.obedbufet.ru/moscowcity/ru, Mo.–Fr. 8–22 Uhr

› **Übersichtsplan und Restaurantfinder:** https://citymoscow.ru/go

Die atemberaubende Skyline von Moscow City gruppiert sich um die Afi-Mall in ihrer Mitte

PRAKTISCHE REISETIPPS

An- und Rückreise

Flugzeug

Es gibt eine große Auswahl an täglichen Direktverbindungen in die russische Hauptstadt. Aufgrund der Visumspflicht (s. S. 104) sind spontane Moskaubesuche noch immer schwierig, auch wenn die reine Flugzeit nur knapp 3 Stunden beträgt.

Lufthansa bietet derzeit nur noch von Frankfurt am Main und München Direktflüge an. Die Maschinen landen in Domodedowo. Die bereits seit über 20 Jahren operierende russische Privat-Airline **S7 (Siberia Airlines)** fliegt ab Berlin direkt nach Moskau Domodedowo.

Aeroflot fliegt mit modernsten Maschinen täglich ab Berlin, Frankfurt, München und Hamburg nach Scheremetjewo. Die Preise variieren je nach Saison. **Austrian Airlines** (Lufthansa) fliegt von Wien aus direkt nach Moskau (Domodedowo), **Swiss** von Zürich nach Moskau.

Vom Flughafen in die Stadt

30 km außerhalb Moskaus liegt der größte Flughafen **Scheremetjewo** (Scheremetjewskoje Schosse, Chimki, http://svo.aero, Tel. 5786565). Er wurde für die Olympischen Spiele 1980 nach dem Vorbild des Flughafens in Hannover gebaut und in den letzten Jahren saniert. Air Baltic und Aeroflot fliegen nach Scheremetjewo.

Der **Aeroexpress** fährt von 5 bis 1.30 Uhr halbstündlich Richtung Zentrum. 35 Minuten später erreicht man den Weißrussischen Bahnhof/die Metro Belorusskaja.

In umgekehrter Richtung fährt der erste Zug um 5.30 Uhr von der Station Belorusskaja ab. Der letzte Aeroexpress verlässt die Haltestelle Belorusskaja um 0.30 Uhr Richtung Flughafen. Zwischen den Inlandsflughäfen Scheremetjewo 1 und Scheremetjewo 2 sowie Terminal C verkehren kostenlose Shuttle-Busse (Dauer ca. 20 Min.). Offizielle Taxis kann man im Terminal am Schalter bestellen. Die Fahrt kostet ca. 40 €. Günstiger ist Yandex Taxi (s. S. 127).

Der Flughafen **Domodedowo** (Moskowskaja Oblast, www.domodedovo.ru, Tel. 9336666) ist Moskaus modernster und bester Flughafen. Pass- und Zollkontrolle sind sehr gut organisiert. Auch die Gepäckabwicklung geht zügig vonstatten.

Der **Aeroexpress** befindet sich zwar am anderen Ende des Ankunftsbereiches (in der Halle 150 Meter links runter), ist aber pünktlich und klimatisiert. Für etwa 7 € kauft man ein Ticket am Schalter und hält dann den Strichcode an die Schranke. Die nagelneuen Züge fahren immer zur vollen und zur halben Stunde mit einem Zwischenstopp in Werchnije Kotly (bei Moscow City) weiter bis zur Metrostation Pawelezkaja im Süden der Stadt. Von dort aus ist man überall relativ schnell.

Der letzte Zug ab Domodedowo fährt um 24 Uhr. Ab Pawelezkaja fährt der erste Zug um 6, der letzte um 0.30 Uhr Richtung Flughafen.

Taxis oder der Anbieter **Yandex Taxi** (s. S. 110) machen eigentlich nur dann Sinn, wenn man nachts ankommt oder viel Gepäck hat.

Der Flughafen **Wnukowo** (Moskowskaja Oblast, www.vnukovo.ru, Tel. 9375555) ist ebenfalls moder-

◁ *Vorseite: Alexandr Dejnekas Darstellung des Neuen Menschen in der Metrostation Majakowskaja* ㉛

nisiert und auch durch einen **Aeroexpress** mit der Innenstadt verbunden. 2005 wurde ein unterirdischer Bahnhof eingeweiht, von dem aus die Passagiere in nur 35 Minuten ins Zentrum fahren können. Im Stundentakt geht es täglich von 6 bis 24 Uhr (außer um 12 Uhr!) zum Kiewer Bahnhof (Kiewskij Woksal).

› Aeroexpress, www.aeroexpress.ru, von allen drei Flughäfen etwa 7 € pro Fahrt

Bahn

Von Berlin aus kann man Moskau (über Warschau) mit dem Zug ansteuern. Nach knapp 22 Stunden erreicht man den Weißrussischen Bahnhof (Belorusskij Woksal) mit der Metrostation Belorusskaja. Eine Fahrt mit dem Nachtreisezug von Wien oder Basel über Minsk nach Moskau kostet ab 150 €. Mittlerweile gibt es auch klimatisierte Deluxe-Schlafabteile für zwei Personen (ca. 200 €). Ein **Transitvisum für Weißrussland** muss unbedingt vorab besorgt werden. Die Züge sind inzwischen modernisiert und einigermaßen komfortabel. Allerdings gibt es Funklöcher in Deutschland und Russland. In Polen und Weißrussland funktioniert WLAN einwandfrei. Für Romantiker ist diese Art des Reisens ein lohnendes Erlebnis.

Für einen Wochenendtrip **von Moskau nach St. Petersburg** gibt es den (deutschen) Hochgeschwindigkeitszug Sapsan, der für die 650 Kilometer nur knapp vier Stunden braucht und sehr bequem ist. Online zu buchen über www.russiantrains.com. Tickets ab 80 € pro Strecke.

› www.bahn.de
› www.oebb.at

Der knallrote Aeroexpress verbindet alle Flughäfen mit dem Zentrum

Barrierefreies Reisen

Moskau verfügt **leider nur über wenige behindertengerechte Einrichtungen**. Die öffentlichen Verkehrsmittel sind für Behinderte eine Zumutung. Es gibt fast keine Fahrstühle, die Türen sind schmal und müssen immer aufgehalten werden. Die unendlich vielen Stufen in der Metro oder an den Bahnhöfen machen schon dem normalen Fußgänger zu schaffen, vor allem mit Gepäck. Lediglich Metrostationen neueren Datums sind mit behindertengerechten und breiten Aufzügen ausgestattet.

Hotels sind in den wenigsten Fällen barrierefrei. Ausnahmen sind das Kadaschewskaja Hotel (s. S. 121) und das Marriott (s. S. 120). Nahezu alle großen Straßen sind zu unterqueren, um auf die andere Straßenseite zu gelangen.

› **Bundesverband Selbsthilfe für Körperbehinderte,** www.bsk-ev.de, mit Reiseassistentensuche und Spezialreisekatalogen

Diplomatische Vertretungen

In Deutschland, Österreich und der Schweiz

› **Botschaft der Russ. Föderation in Deutschland,** Unter den Linden 63–65, 10117 Berlin, http://russische-botschaft.ru, Tel. 030 22651184
› **Botschaft der Russ. Föderation in Österreich,** Reisnerstr. 45–47, 1030 Wien, Tel. 01 7121229, http://austria.mid.ru
› **Botschaft der Russ. Föderation in der Schweiz,** Brunnadernrain 37, 3006 Bern, Tel. 031 3520566, https://switzerland.mid.ru

In Moskau

- ●116 [aj] **Deutsche Botschaft,** Mosfilmowskaja Ul. 56, Metro: Kiewskaja, von der Metrostation fährt man noch 30 Minuten mit Bus 119, https://germania.diplo.de, Tel. 9379500 (in Notfällen 24 Std.), Mo.–Fr. 9–12 Uhr
- ●117 **Konsularische Vertretung der Deutschen Botschaft,** Leninskij Pr. 95a, Metro: Pr. Wernadskowo, Tel. 9334311, Schalter: Mo.–Fr. 9–12 Uhr
- ●118 [C6] **Österreichische Botschaft,** Starokonjuschennyj Per. 1, Metro: Kropotkinskaja, www.bmeia.gv.at/oeb-moskau, Tel. 7806066, Konsularabt. (Bolschoj Lewschinskij Per 7): Tel. 9561660, Schalter: Mo.–Fr. 9–13 Uhr
- ●119 [B6] **Schweizerische Botschaft,** Per. Ogorodnaja Sloboda 2/5, Metro: Tschistye Prudy, www.eda.admin.ch/moscow, Tel. 2583830, Konsularabt.: Tel. 2583830, Mo.–Fr. 9–12 Uhr

Ein- und Ausreisebestimmungen

Einladung und Visum

Da sich die Einreisebestimmungen ändern können, empfiehlt sich ein rechtzeitiges Informieren auf der Website der russischen Botschaft (http://russische-botschaft.ru). Für die Einreise benötigt man als Staatsbürger aus Deutschland, der Schweiz und Österreich einen noch drei Monate nach Ende der Ausreise gültigen Reisepass und ein **Visum** (ca. 75 €). Hat man Flug und/oder Unterkunft über einen Reiseveranstalter gebucht, kümmert sich das Reisebüro um das Visum. Reist man auf eigene Faust, muss man das Visum selbst mindestens zwei Wochen vorher bei einem der Konsulate oder einer Visum-Agentur schriftlich oder persönlich beantragen. Das Formular muss online über die Botschaftsseite und streng nach Anweisung ausgefüllt und dann unterschrieben und ausgedruckt mitgenommen bzw. verschickt werden! Schneller geht es gegen einen gestaffelten, relativ hohen Aufpreis bis einige Stunden vor Abflug. Eine **Auslandsreisekrankenversicherung** ist Pflicht. Die zugelassenen Versicherungen sind auf der Website der Botschaften in Erfahrung zu bringen. Ein Passbild und eine **Einladung** von einer russischen Institution, einer Privatperson oder ein Hotelvoucher sind ebenfalls unbedingt erforderlich. Diese erstellt aber auch jede Visumzentrale für einen Aufpreis ab 20 € (plus Visum). Man muss im Internet lediglich anklicken, dass man noch eine Einladung braucht.

Ein reguläres Besuchervisum (auf Einladung einer Privatperson) ist bis zu drei Monate gültig, ein reguläres Touristenvisum (mit Hotelvoucher) einen Monat.

› **König Tours GmbH,** Balthasar-Neumann-Platz 24h, 50321 Brühl, Tel. 02232 307980, www.koenig-tours.de. Auf dem Postweg schicken die freundlichen Mitarbeiter zuverlässig den Reisepass mit dem Visum für 7 € extra nach ca. 14 Tagen wieder zu, nachdem man ihn zusammen mit den im Internet ausgedruckten Formularen dorthin geschickt hatte. Für die (erforderliche) Einladung inklusive Visum zahlt man 95 €. Telefonische Hilfe!
› in **Österreich:** über die Botschaften und Konsulate der Russischen Föderation (s. S. 104)
› **Atlas Reisen,** Weinbergstr. 149, CH-8042 Zürich, Tel. 2598095, www.atlas-reisen.ch

Einreise und Registrierung

In Russland angekommen, muss man sich spätestens nach drei Tagen **registrieren lassen,** aber nur, wenn man **länger als sieben Werktage** (das Wochenende zählt nicht mit!) in Moskau bzw. an einem anderen Aufenthaltsort in der Russischen Föderation bleiben möchte. Man bekommt einen Stempel in die Ein- bzw. Ausreisekarte, die bei der Passkontrolle bei Einreise erstellt wird und die am besten im Pass verbleibt. Wohnt man im Hotel, übernimmt das Hotel die Registrierung. Sonst muss man sich wohl oder übel selbst auf den Weg machen. Die Registrierung ist an unterschiedlichen Stellen möglich.

König Tours GmbH übernimmt die Registrierung für 65 € pro Touristenvisum. Dafür fotografiert man mit dem Handy die Einreisekarte, den Pass und das Visum nach erfolgter Einreise ab und sendet die Fotos an info@koenig-tours.de. Innerhalb von zwei Tagen erhält man den Registrierungsschein per E-Mail. Dieser muss dann ausgedruckt bei der Ausreise vorliegen. Eine Registrierung ist auch in den Postämtern möglich, wird aber nur des Russischen mächtigen Reisenden empfohlen. Den Schein erhält man ebenfalls per E-Mail.
✉ **120** [F3] **Potschta,** Mjasnitskaja Ul. 26, Metro: Tschistye Prudy, tägl. 9–20 Uhr

Einverständniserklärung für Minderjährige

Reisen Kinder nur mit einem Elternteil, kann sowohl bei der Ausreise als auch bei der Einreise eine Einverständniserklärung des anderen Elternteils erforderlich sein. Detailinfos erhält man beim Auswärtigen Amt und beim zuständigen Konsulat.

Devisenbestimmungen

Werden mehr als 10.000 Euro oder Dollar eingeführt, muss man eine Zollerklärung ausfüllen.

Zollbestimmungen

Bei der **Wiedereinreise nach Deutschland** oder nach Österreich sind 500 g Kaffee und 100 g Tee, 200 Zigaretten und 1 l Spirituosen über 22 % (Schweiz bis 15 %) oder 2 l Spirituosen unter 22 % oder 2 l Wein und 250 g Kaviar als Einfuhrmenge erlaubt. Für die Schweiz gilt: 22 Zigaretten oder 50 Zigarren oder 250 g Tabak sind zollfrei.

Souvenirs dürfen bei der Rückkehr in ein EU-Land den Wert von 430 € nicht überschreiten. Von großen, sperrigen Andenken sollte man lieber Abstand nehmen, um sich bei den Sicherheitskontrollen bei der Ausreise nicht unnötig rechtfertigen zu müssen. Überhaupt sind die Kontrollen schärfer als an den EU-Grenzen.

Die Ausfuhr von **Antiquitäten (auch Büchern)**, die vor dem Jahr 1970 hergestellt wurden, ist mit einigen Mühen verbunden. Man benötigt für die Ausfuhr eine Genehmigung für den Zoll. Um diese zu erhalten, muss man sich persönlich mit dem betreffenden Gegenstand, dem Kaufbeleg und einer Kopie des Passes auf den Weg zu dem zuständigen Komitee der Kulturbehörde machen:

●**121** [D3] **Komitee der Kulturbehörde**, Malyj Gnesdnikovskij Per. 7, Metro: Twerskaja, Tel. 6291010, Mo.–Fr. 10–17 Uhr, www.mkrf.ru. Besser ist, man ruft vorher noch einmal an. Meist muss man 2 bis 3 Tage später wiederkommen, um die Genehmigung abzuholen.

Elektrizität

Die **Netzspannung** beträgt 220 Volt. In einigen einfacheren Hotels sind noch alte, sowjetische Schlitzstecker in Gebrauch. Generell sind Hotels allerdings mit europäischen **Steckdosen** ausgestattet.

Geldfragen

Währung und Zahlungsmittel

Das gesetzliche und einzige zugelassene **Zahlungsmittel** in Russland ist der **Rubel** (P), auch wenn in Hotels und Restaurants die Preise manchmal noch in Dollar oder Euro angegeben sind. Seit vielen Jahren ist der Rubel konvertierbar und darf ein- und ausgeführt werden. Seit dem Jahr 2013 gibt es ein neues Rubelsymbol, den russischen Buchstaben „P" (unser „R") mit einem unteren Querstrich.

Im September 2019 entsprachen 72 Rubel in etwa 1 € (1 Rubel = 0,013 €). 1 SFr war 66 Rubel wert (1 Rubel = 0,015 SFr). Aufgrund wirtschaftlicher und politischer Faktoren ist der Umtauschkurs Schwankungen unterworfen. Aktuelle **Wechselkurse** erfährt man unter www.oanda.com. **Rubelscheine** werden nur in gutem Zustand akzeptiert. Einen 1000-Rubel-Schein sollte man in einem großen Supermarkt in kleinere Scheine tauschen. Schon am Flughafen kann man mit der normalen **Debit-Karte** (Girocard) und der Geheimnummer oder mit der Kreditkarte Rubel aus dem Automaten *(bankomat)*, der auch eine englische Menüführung anbietet, ziehen (Gebühr ca. 5 €). Wenn ein Automat streikt, sollte man nicht denken, es läge an der Karte, sondern einen Automaten einer anderen Bank ansteuern.

Auch in Supermärkten kann man mit einer deutschen Debitkarte (1–2 € Gebühr) bezahlen, in Hotels, Restaurants und Geschäften werden alle gängigen Kreditkarten (mit Geheimnummer) akzeptiert. Auch kann man oft (z. B. in der Metro) schon mit Apps wie Apple Pay oder Google Pay (wird über Paypal abgebucht) direkt mit dem Smartphone bezahlen. Einige deutsche Banken (z. B. die Postbank) statten ihre Geldkarten neuerdings mit der Bezahlfunktion „VPAY" aus, bei der nicht der Magnetstreifen, sondern der Chip gelesen wird. Damit kann in Russland **kein Geld** abgehoben werden (weitere Infos unter www.vpay.de).

Beim Abheben von Bargeld in Landeswährung wird manchmal angeboten, dass die Abrechnung mit dem eigenen Konto in Euro erfolgen kann. Das Verfahren ist als **Dynamic Currency Conversion (DCC)** bekannt. Wählt man diese Option, die ja sicherer erscheint, wird aber ein ungünstiger Wechselkurs zugrundegelegt, der erhebliche Kosten verursachen kann. Deshalb sollte man Abhebungen immer in der Landeswährung vom eigenen Konto abbuchen lassen. Dann legt die eigene Bank den offiziellen Devisenkurs zugrunde.

Trinkgeld sollte zwischen 5 und 10 % betragen. „Die Rechnung bitte" heißt „Schtschot poschalsta"!

Euro und Dollar sind auch in Moskau ebenfalls an vielen **Geldautomaten** zu bekommen.

Überweisungen und Notfall

Sollte man sich dringend Geld nach Moskau überweisen lassen müssen, ist **Amex MoneyGram** (www.moneygram.com, auch als App) der schnellste Weg. Für den 3–5 Minuten dauernden Transfer zahlt man allerdings ca. 10 % Kommission. **Western Union** bietet einen etwas günstigeren Tarif (www.westernunion.de).

Sollte man sein Portemonnaie verloren haben, ist das **Konsulat** die richtige Anlaufstelle. Dort darf man kostenlos einen Anruf tätigen. Gegen Vorlage des Ausweises bekommt man auch Bargeld.

Seit mehreren Jahren gibt es für Deutsche eine 24 Stunden erreichbare **einheitliche Notfall-Sperrnummer** für die meisten Karten (EC- und Kreditkarten) sowie für Handys: (+49) 116116. Für Bankkunden aus Österreich und der Schweiz steht dieser Service nicht zur Verfügung, diese müssen sich vor der Reise bei ihrer Hausbank nach einer solchen Dienstleistung erkundigen.

Preise

Ein Moskau-Aufenthalt ist auch im Hotel erschwinglich geworden. Wenn man sich auf den Besuch von Selbstbedienungsrestaurants beschränkt, kann man mit einem Tagessatz von 20 € auskommen. Die meisten **Restaurants** sind ebenfalls bezahlbar geworden. Das **Nachtleben** kann exorbitant teuer sein, muss es aber nicht. Es gibt viele „demokratische" Klubs, die sehr zivile Preise haben. Ein **Museumsbesuch** kostet etwa 3 bis 7 € (Ausländer zahlen höhere Preise als Russen). Günstig sind **Metrotickets und Busfahrkarten** (ca. 1 €) und **Ausflüge** mit der Elektritschka. Eine Fahrt nach Peredelkino ❷ und zurück kostet nicht mehr als 8 €. Teuer ist Kaffee, auch to-go, in etwa vergleichbar mit deutschen Starbucks-Preisen ... Karten für das Bolschoj-Theater ❷

Moskau preiswert

› Metro-, Bus- und Straßenbahntickets sind noch immer günstig. Eine **Stadtrundfahrt im Bus Nr. 2** von Park Pobedy bis Biblioteka imeni Lenina kostet ca. 1 € und ist ein Insider-Erlebnis. Eine Fahrt mit der schönsten Metro der Welt (s. S. 125) ist auch für 1 € zu haben, eine Tageskarte für 3 €.
› Mit einem **Zwei-Tages-Ticket** für den Hop-on-Hop-off-Bus (s. S. 118) kann man sich in 48 Stunden die ganze Stadt ansehen, ohne zu ermüden und an über zwanzig Stationen aus- und einsteigen – und das für nur 25 €.
› **Streetfood im Gorki-Park** ❷❽ ist lecker und nicht teuer.
› **WLAN** ist quasi in der gesamten Stadt funktionstüchtig und kostenlos (Einrichtung s. S. 110).
› **Selbstbedienungsrestaurants** sprießen wie Pilze aus dem Boden, bieten hochwertige Köstlichkeiten und sind wirklich günstig.

liegen zwischen ca. 20 bis 160 €. Alle Waren in den Geschäften haben **Fixpreise**. Bücher und CDs sind immer noch vergleichsweise günstig.

Informationsquellen

Infostellen in der Stadt

Informationen auf Russisch und Englisch erhält man über die **Federal Tourism Agency** (www.russiatourism.ru) und unter der neu und extra für Hilfe suchende Touristen eingerichteten **Hotline** (Tel. 88003023112).

Im **Sarjadje-Park** (s. S. 20) am Roten Platz gibt es eine **Touristeninformation** neben dem Voskhod Café (im Media-Center, www.zaryadyepark.ru/en/services/media-center, geöffnet: Mo. 14–21, Di.–So. 10–21 Uhr).

Moskau im Internet

Wie andere Weltstädte auch, ist Moskau im Netz ausgesprochen gut aufgestellt. Hotelübernachtung, Theaterkarten für das Bolschoj-Theater ⓬ oder Eintrittskarten für das Konservatorium können dort problemlos gebucht werden. Die kyrillischen Buchstaben auf den russischen Webseiten werden vom Browser aber nur lesbar wiedergegeben, wenn Sprache und Kodierung richtig eingestellt sind.

Blogs
› http://besttoday.ru – Oppositionsblog um Marina Litwinowitsch, auf Russisch

Websites
› https://discover.moscow/ru – die staatliche englischsprachige Website Discover Moscow ist sehr zu empfehlen.
› https://meduza.io – eine der letzten unabhängigen Infoquellen mit Nachrichten aus Russland, mit englischer Übersetzung
› https://tickets.kreml.ru – das offizielle Ticketportal für Kreml-Besichtigungen
› www.airpano.ru – spektakuläre Panoramabilder aus dem Himmel über Moskau, auf Russisch und Englisch
› http://de.rbth.com – Russia beyond the headlines bietet Informationen aus und über Russland – neuerdings auch auf Deutsch.
› www.eatlas.ru – Moskauer Stadtplan mit Objekt- und Straßensuche sowie Zoomfunktion, auf Russisch und Englisch
› http://news.metro.ru/sc_lat.html – Moskauer Metroplan auf Russisch und Englisch

EXTRATIPP

Man spricht Deutsch

Als Anlaufstelle für Deutsch sprechende Touristen sei auch das **Goethe-Institut** empfohlen. Es liegt ziemlich weit draußen, verfügt aber über eine sehr gut sortierte deutsche Bücherei mit einer riesigen Auswahl an Tages- und Wochenzeitungen, Büchern und Hörbüchern. Neuerdings gibt es in der eLibrary alles online!

- **122 Goethe-Institut**, Leninskij Pr. 95a, Metro: Prospekt Wernadskowo, Nowye Tscherjomuschki, www.goethe.de/moskau, Tel. (499) 7398941, Bibliothek geöffnet: Mo.–Fr. 10–19, Sa. 12–18 Uhr

---

- www.russlandjournal.de – eine der führenden Russlandinternetseiten im deutschsprachigen Internet, mit gutem, kostenlosem Sprachkurs und weiteren Funktionen
- www.yandex.ru – die größte russische Suchmaschine, funktioniert auch unter Zuhilfenahme von lateinischen Buchstaben
- www.afisha.ru – Überblick über das Moskauer Kulturangebot, wöchentlich aktualisiert, nur auf Russisch
- www.bolshoi.ru – Website des Bolschoj-Theaters, Kreditkartenbuchung und Abholung der Tickets vor Ort möglich, auf Russisch und Englisch
- www.gay.ru – Überblick über das Nachtleben für Homosexuelle, auf Englisch
- https://mdz-moskau.eu – Moskauer Deutsche Zeitung
- www.themoscowtimes.com – The Moscow Times, englischsprachige Tageszeitung

Publikationen und Medien

Die Auswahl an englischsprachigen Zeitschriften über Moskau ist mit den Jahren geschrumpft. **The Moscow Times** (https://themoscow times.com) ist nach wie vor empfehlenswert, aber als gedruckte Version nicht leicht zu finden. Die alle 14 Tage erscheinende **Moskauer Deutsche Zeitung** (http://mdz-mos kau.eu) gibt es auch als epaper. Sie ist sehr informativ und bietet gute Ausgehtipps.

Deutschsprachige Zeitungen erhält man manchmal an Bahnhöfen, in Hotellobbys, in größeren Zeitschriftenkiosken und im Moskwa Kniga (s. S. 79). Allerdings kosten die Zeitungen etwa doppelt so viel wie in Deutschland.

Moskau-Apps

Ein Smartphone ist auch in Moskau ein äußerst nützlicher Reisebegleiter. Viele Moskau-Apps sind kostenlos, nur das Datenroaming kann und sollte ausgeschaltet sein:

- **Metropolitan:** Der Moskauer Metroplan auf Russisch und Englisch (Eingaben über die deutsche Tastatur möglich). Auch ohne GPS-Ortung kann man Start- und Zielstation ermitteln und dann Route und Fahrzeit errechnen (kostenlos, nur für iOS)
- **Moscow Kremlin:** Führung über das gesamte Kreml-Areal, mit Kartenmaterial (auf Englisch, kostenlos für iOS)
- **Mosgorpass:** Bus- und Metrotickets sowie Aufladen der Troika-Karte über die App (auf Deutsch, kostenlos für iOS)
- **VDNH:** alles rund um das WDNH-Areal, leider nur auf Russisch (kostenlos für Android und iOS)
- **Reise + Geld:** Der Währungsrechner ist eine große Hilfe. Rubel in Euro

umzurechnen und umgekehrt funktioniert einwandfrei (kostenlos für Android und iOS).
› **Wörterbuch Deutsch/Russisch** – Die Pons-App bietet 285.000 Stichwörter. Auf dem Smartphone muss lediglich die kyrillische Tastatur hinzugefügt werden, dann kann es losgehen (kostenlos für Android und iOS).
› **Yandex Taxi** – ideales Hilfsmittel zum Rufen eines Fahrzeugs, der Standort wird automatisch übermittelt (kostenlos für iOS und Android), eine Kommunikation auf Russisch ist nicht erforderlich.

Internet

Im Zeitalter von Smartphones ist das Internetcafé eine aussterbende Spezies. In nahezu jedem Café, Hotel oder Restaurant, sogar im Gorki-Park, gibt es **WLAN**. Zum Einloggen muss sich der Nutzer eine SMS mit einem Passwort an seine Handynummer schicken lassen. Vorher muss man seine Länderkennung eingeben.

Manchmal funktionieren nichtrussische Smartphones nicht und einige Soziale Medien sind blockiert, möglicherweise auch Nachrichtenseiten.

Meine Literaturtipps

› *Akunin, Boris:* ***Die Bibliothek des Zaren****, Goldmann Verlag, München 2005. Eine aufregende Schatzsuche im Moskau des 17. Jh., verknüpft mit den Schauplätzen der Gegenwart, wie in allen der fast 20 empfehlenswerten Krimis des großen Moskau-Liebhabers.*
› *Archimap:* ***Neue Architektur in Moskau****, Archimap publishers, Berlin 2009. In diesem handlichen Faltplan finden sich alle relevanten und bereits fertiggestellten Bauten des neuen Jahrtausends.*
› *Bulgakow, Michail:* ***Meister und Margarita****, Galiani Verlag, Berlin 2012. Der Moskauer Kultroman schlechthin in einer famosen Neuübersetzung von Alexander Nitzberg. Fabel, Groteske und Liebesgeschichte, die in den 1930er-Jahren spielt. Der Teufel stürzt Moskau in diesem Buch in ein Chaos aus Hypnose, Spuk und Zerstörung. Heuchelei und Korruption werden Tür und Tor geöffnet.*
› *Esakov, Denis und Diemer, Karina:* ***Fünfte Fassade – Fotoflug über Moskau****, DOM publishers, Berlin 2017. Mit einer Drohnenkamera porträtiert der Fotograf 70 Moskauer Architekturikonen, jeweils aus drei Perspektiven. Ein Augenschmaus für Moskau-Liebhaber.*
› *Gessen, Masha:* ***Der Mann ohne Gesicht – Wladimir Putin****, Piper Verlag, München 2013. Eindringlich, klar und sehr mutig ist diese auf Russisch nicht erschienene Biografie. Die renommierte amerikanisch-russische Autorin wagt einen Blick in die Zukunft und preist die ersten Pflänzchen einer „Zivilgesellschaft". „Kommt die russische Revolution?" heißt es auf dem Cover.*
› *Jäger, Valeria und Klein, Erich (Hrsg.):* ***Europa Erlesen – Moskau****, Wieser Verlag, Klagenfurt 1999. Liebevoll zusammengestellte, historische Moskau-Impressionen großer russischer und europäischer Schriftsteller aus verschiedenen Jahrhunderten.*

Kostenfalle Datenroaming

Viele Reisende nutzen auch im Ausland eine **mobile Datenverbindung**. Dies ist jedoch häufig mit hohen Kosten verbunden. Man sollte daher vor der Reise unbedingt bei seinem Netzbetreiber Informationen über eventuell günstigere Auslandsdatenpakete einholen oder unmittelbar nach der Anreise zur Sicherheit die Mobile-Daten-Option seines Smartphones/Handys deaktivieren und in Moskau nur über kostenlose WLAN-Netze ins Internet gehen.

Medizinische Versorgung

Die Auswahl an erstklassigen, von ausländischen Ärzten geführten Kliniken ist mittlerweile groß. Deutsche gesetzliche Krankenkassen erstatten Behandlungskosten aber nicht. Die zur Visaerteilung vorgeschriebene Auslandsreisekrankenversicherung ist daher sinnvoll. Krankenrücktransport sollte inbegriffen sein.

✚**123** [B2] **German Dental Care,** Ul. Juliusa Futschika 11/13, Metro: Majakowskaja, Belorusskaja, https://gdcare.ru,

› Jerofejew, Vitkor: **Die Akimuden,** Hanser, München, 2013; Fischer Verlag, Frankfurt am Main, 2016. Auf melancholisch spöttelnde Weise schildert der Autor in diesem Science-Fiction-Thriller den abstrusen Moskauer Alltag ... und eine gar nicht so abwegige Zukunft.

› Knauf, Holger: **Russisch Slang - das andere Russisch,** REISE KNOW-HOW Verlag, Bielefeld 2015. Mit diesem hilfreichen Sprachführer kann man seinen russischen Wortschatz um zahlreiche umgangssprachliche Begriffe erweitern und Fettnäpfchen in Alltagssituationen vermeiden.

› Knoch, Peter/Meuser, Philipp: **Architekturführer Moskau,** DOM publishers, Berlin 2011. Der umfangreiche, erstklassig recherchierte und bebilderte Stadtführer mit über 400 Beispielen ist ein Muss für Architekturinteressierte (Neuauflage 2020).

› Schepp, Matthias: **Gebrauchsanweisung für Moskau,** Piper Verlag, München 2008. Für den „Stern" war er jahrelang in Moskau, jetzt ist er Vorsitzender der AHK in Russland. Als Vollblutjournalist beschreibt Michael Schepp die Megacity so erfrischend, ironisch und anschaulich, dass man eigentlich nicht mehr hinfahren muss, aber unbedingt hinfahren will.

› Schlögel, Karl: **Moskau lesen,** Carl Hanser Verlag, München 2011. Das Standardwerk des großen Osteuropahistorikers zu Moskau, erstmals 1984 veröffentlicht, im Jahr 2011 vom Autor überarbeitet und um das Kapitel „Moloch Moskau" ergänzt. Brillant recherchiert und genial beobachtet.

› Smirnova, Natalja und Goumen, Julia (Hrsg.): **Moscow Noir,** Akashic Books, New York 2010. Junge russische Autoren schreiben über die dunkle Seite der Metropole abseits der Bling-Bling-Klischees. Dabei beleuchtet jeder einen Stadtteil und somit einen Mikrokosmos. Im Untertitel des inzwischen auch auf Russisch erschienenen Geschichtenbandes wird Moskau als „Stadt der verflossenen Utopien" bezeichnet.

› **Fußball-Buchtipps** s. S. 116.

Tel. (499) 2543710, Mo.–Fr. 8–20, Sa. 9–13 Uhr. Volker Grossmann und sein russisches Team arbeiten seit vielen Jahren in dieser Spezialpraxis und decken alle Bereiche der Zahnheilkunde ab.
- ✚124 [E8] **MedinCenter,** in der Poliklinik der Verwaltung des diplomatischen Korps, 4. Dobryninskij Per. 4, Metro: Dobryninskaja, Oktjabrskaja, www.medin.ru, Tel. 9338648, Mo.–Fr. 8–21, Sa. 9–18 Uhr. Ärztliche Behandlung auf sehr hohem Niveau und relativ preisgünstig, mit Kinderklinik.
- ✚125 [aj] **Praxis der deutschen Botschaft,** Ul. Mosfilmowskaja 56, Metro: Kiewskaja, Universität, Mo.–Fr. 8–11, Mi. 13–14 Uhr (aber nur nach telefonischer Anmeldung). Hier werden nicht nur Botschaftsangehörige, sondern alle EU-Bürger und Schweizer Staatsbürger behandelt. Vorauszahlung, Rückerstattung über eine private Auslandsreisekrankenversicherung. Der praktizierende deutsche Arzt Dr. Alexander Wex ist Facharzt für Allgemein- und Notfallmedizin (Tel. 499 7834269) und rechnet nach deutschen Sätzen ab.

☐ Metrofahren ist jetzt kinderleicht – die Pläne gibt es auch auf Englisch

Apotheken

Es gibt eine Kette von 24-Std.-Apotheken mit Filialen in der gesamten Stadt.
- ✚126 [D3] **Apteka 36.6 (1),** Twerskaja Ul. 9, Metro: Twerskaja, https://apteka366.ru, Tel. 7976336, tägl. 9–21 Uhr
- ✚127 [E4] **Apteka 36.6 (2),** Maneschnaja Pl. 1, Metro: Ochotnyj Rjad, https://apteka366.ru, Tel. 7976336, tägl. 10–22 Uhr
- ❯ Die **Apotheke (Apteka) im GUM** ❺ hat tägl. von 10 bis 22 Uhr geöffnet (Tel. 7976366).

Mit Kindern unterwegs

Auf den ersten Blick ist die lärmende Millionenmetropole kein Paradies für Kinder. Aber Moskowiter sind kinderfreundlich und einfallsreich. In jedem noch so kleinen Park gibt es einen Kinderspielplatz. An den Patriarchenteichen, in der Afi-Mall, in den Sperlingsbergen und im Gorki-Park haben die Kleinen außerdem viel Platz. Im Gorki-Park gibt es zusätzlich Paddelboote, einen XXL-Spielplatz links neben dem Eingang … und einen Bootsanleger. Auf den Flotilla-Booten können dann auch die Eltern durchschnaufen. Wenn man Wert auf ein Taxi mit Kindersitz legt, kontaktiert man einfach das **Kindertaxi** (https://babycartaxi.ru, Tel. 4090343).
- ❯ **Afi-Mall** (s. S. 81). Im 6. Stock gibt es den größten VR-Park in Europa und zwei Flugsimulatoren, im 4. Stock das Trampolin-Center Just jump!
- ❯ **Centralnyj Detskij Magasin,** früher Detskij Mir („Kinderwelt", siehe Extratipp S. 21). Im größten Kinderkaufhaus der Welt, in dem es einen XXL-Ableger von Hamleys London gibt, schlagen nicht nur Kinderherzen höher. Hier kann man gut und gerne einen ganzen Tag verbringen …

🏛 **128** [af] **Experimentanium,** Leningradskij Prospekt 80, Metro: Sokol (Ausgang Baltijskaja Ul.), Tel. 1200520, www.experimentanium.ru, Mo.–Fr. 9.30–19, Sa./So. 10–20 Uhr. Man staunt über die Vielfalt dieses Wissenschaftsmuseums: Optik, Mechanik, Akustik, Kosmos, Thermik – mit interaktiver Technik werden den Kindern Zusammenhänge vermittelt. Es darf alles angefasst werden. Und danach gibt es Kakao und Kuchen im Café!

🏛 **129** [E1] **Obraszow-Puppentheater und -Museum,** Sadowaja Samotjotschnaja Ul. 3, Metro: Majakowskaja, Zwetnoj Bulwar, www.puppet.ru, Tel. 6995373, tägl. 10–19 Uhr (Kasse), Tickets auch online, Vorstellungen außer Mo. und Di. je nach Stück um 11, 14, 16 und 18 Uhr. Sergej Obraszow gründete dieses zauberhafte Puppentheater im Jahr 1931. Einige seiner Produktionen laufen heute noch. Es ist das größte Theater seiner Art und gilt als eines der weltbesten. Revolutionär war Obraszows Idee, Themen, die eigentlich nur für Erwachsene interessant sind, auch Kindern zugänglich zu machen. So werden z. B. Stücke von Puschkin adaptiert, aber „Das Dschungelbuch" und der russische Pinocchio „Buratino" dürfen natürlich nicht fehlen. Auch ohne Russischkenntnisse werden Kinder und Erwachsene von den liebevoll inszenierten Stücken verzaubert. Eine Stunde vor Vorstellungsbeginn öffnet das angeschlossene Puppentheatermuseum. Zu den 3500 Puppen aus mehr als 60 Ländern gehört auch eine Abordnung der Augsburger Puppenkiste.

● **130** [B3] **Planetarium,** Sadowo-Kudrinskaja Ul. 5, Metro: Barrikadnaja, Mi.–Mo. 10–22 Uhr, www.planetarium-moscow.ru (Online-Buchung auf Russisch), Tel. 2217690. Nach mehrjährigem Umbau des denkmalgeschützten Planetariums erstrahlt nicht nur das Äußere in neuem Glanz. Zwei Observatorien und kosmische Attraktionen laden große und kleine Besucher zum Verweilen ein. Sogar ein virtueller Allspaziergang durch die Milchstraße ist im Land der Kosmonauten möglich. Zu dem spektakulären Museumskomplex gehören ein 4-D-Kino, das Café Teleskop und ein Souvenirshop.

● **131** [E2] **Zirkus Nikulin,** Zwetnoj Bul. 13, Metro: Zwetnoj Bulwar, Kassen: Mo.–Fr. 11–14, 15–19, Sa./So. 11–12.30 und 13.30–19 Uhr, Tel. 6258970, www.circusnikulin.ru. Für kleine Zuschauer ab drei Jahren und jung gebliebene erwachsene Zirkusfans bietet der weltbekannte Moskauer Zirkus ein erstklassiges Programm. Clowns und Trapezkünstler, Tiernummern und Zauberei in der riesigen Zirkusarena, in der 2000 Zuschauer Platz finden, wird man nicht so bald vergessen.

> **EXTRATIPP**
>
> **Kletterpark Sky Town**
> Auf dem WDNH-Areal ㊵ gibt es mit großen und kleinen Kindern viel zu erleben, auch wenn es regnet: ein Miniatur-Moskau, ein Aquarium namens Moskwarium, einen Kinderbauernhof, das WDNH-Museum, einen Pavillon zur Geschichte des Erdöls, Spielplätze, Cafés, Restaurants etc. ... und Sky Town, den größten Kletterpark Russlands. Ausgerüstet mit perfekten Sicherungsseilen, klettert man in luftiger Höhe von einer Holzplattform zur nächsten.
> › Pavillons tägl. 10–20 Uhr
> › http://skytown.pro, Tel. 1330595, Eintritt: Kinder 8 €, Erw. 11 €

Notfälle

› **Feuerwehr** *(poscharnaja ochrana):* Tel. 01
› **Polizei** *(polizija):* Tel. 02
› **Unfallwagen** *(skoraja pomoschtsch):* Tel. 03
› **Notruf auf Englisch:** Tel. 9379911

Infos für LGBT+

Die Anti-Homosexuellen-Gesetze aus dem Jahr 2013 schrecken viele Besucher ab. Bei der öffentlichen Zurschaustellung von Homosexualität auf offener Straße kann es sein, dass man von der Polizei behelligt oder sogar mit zum Revier genommen wird. In Extremfällen findet man sich hinter schwedischen Gardinen wieder. Bedenkt man jedoch, dass Homosexualität bis in die 1990er-Jahre noch illegal war, wundert man sich, dass es heute eine sehr vitale Szene gibt, wenngleich nicht im Stadtzentrum. In der „Moscow Times" und im Internet unter http://english.gay.ru oder unter www.travelgayeurope.com sind Adressen aller Art zu finden.

132 *[dh]* **BoyZ Club,** *Bol. Perejaslawskaja Ul. 46, Metro: Prospekt Mira (besser mit Yandex Taxi oder Taxi, weit zu gehen), www.boyz.info, Mo., Mi., Do. 22–6, Di. 23–6, Fr. 22–24 Uhr, Sa. 0–12 und 22–24, So. 0–12 und 22–6 Uhr. Der größte Klub dieser Art in Moskau erstreckt sich über zwei Etagen und bietet Platz für 800 Gäste, die Travestieshows, Go-go-Tänzer, Cocktails oder einfach Konzerte mögen. Nicht jedermanns Sache ist der Dark Room. Viele junge Nachtschwärmer.*

133 *[dk]* **Central Station MSK,** *Ul. Leninskaja Sloboda 19/2, Metro: Awtosawodskaja (weit zu gehen), www.mcentralstation.com, Mi.–So. 22–7 Uhr. Neben Mottopartys, Karaoke und Dragshows finden hier auch ganz normale Tanzpartys statt. Das Sound- und Lichtsystem ist spektakulär. Zuletzt kamen DJs aus Tel Aviv, Kiew und Baku eigens zum Auflegen hierher. Zum Abkühlen oder Entspannen kann man den Abend bzw. die Nacht im VODA Spa nebenan ausklingen lassen. Am besten fährt man mit Yandex Taxi oder dem Taxi in das frühere Fabrikenviertel.*

134 *[G4]* **MONO Bar,** *Pokrowskij Bulwar 6/20, Metro: Tschistye Prudy (weit zu gehen), www.monobar.ru, tägl. 18–6 Uhr. House- und Elektrobeats gibt es hier allabendlich, nach Mitternacht wird es voll. Freitags ist der beste Tag für die LGTB-Gemeinde. Zwanglos und cool, mit Restaurant. Die Location befindet sich in einem typischen zweigeschossigen Moskauer Wohnhaus aus der Zeit um 1890.*

Kartensperrung

Bei **Verlust der Debit-/Giro-, Kredit-** oder **SIM-Karte** gibt es für Kartensperrungen eine **deutsche Zentralnummer** (unbedingt vor der Reise klären, ob die eigene Bank bzw. der jeweilige Mobilfunkanbieter diesem Notrufsystem angeschlossen ist). **Aber Achtung:** Mit der telefonischen Sperrung sind die Bezahlkarten zwar für die Bezahlung/Geldabhebung mit der PIN gesperrt, nicht jedoch für das **Lastschriftverfahren mit Unterschrift.** Man sollte daher auf jeden Fall den Verlust zusätzlich **bei der Polizei zur Anzeige bringen,** um gegebenenfalls auftretende Ansprüche zurückweisen zu können.

In **Österreich** und der **Schweiz** gibt es keine zentrale Sperrnummer, daher sollten sich Besitzer von in diesen Ländern ausgestellten Debit- oder Kreditkarten vor der Abreise bei ihrem Kreditinstitut über den zuständigen Sperrnotruf informieren.

Generell sollte man sich immer die **wichtigsten Daten** wie Kartennummer und Ausstellungsdatum **separat notieren**, da diese unter Umständen abgefragt werden.

› Deutscher Sperrnotruf: Tel. +49 116116 oder Tel. +49 3040504050
› Weitere Infos: www.kartensicherheit.de, www.sperr-notruf.de

Öffnungszeiten

› Geschäfte: in der Regel: Mo.-Sa. 9-21, So. 8-19 Uhr, kleine Kioske haben manchmal 24 Std. geöffnet.
› Banken: Mo.-Fr. 10-17 Uhr
› Museen und Galerien: Ab 10 oder 11 Uhr bis 17 oder 18 Uhr, langer Donnerstag bis 20 oder 21 Uhr. Sonntags geöffnet, aber montags und an Feiertagen meist geschlossen.
› Kirchen: Orthodoxe Messen werden Mo. bis Sa. um 8, 9 und 10 Uhr abgehalten, sonntags und an Feiertagen um 7 und um 10 Uhr. Die Messen dauern in der Regel zwei bis drei Stunden. Es wird zwar nicht gern gesehen, aber man darf früher gehen. Da man ohnehin als Tourist erkannt wird, sind die Einheimischen nachsichtiger.

Post

✉ **135** [D4] **Zentrales Telegrafenamt**, Nikitskij Per. 7 (Seite 1), Metro: Ochotnyj Rjad, www.cnt.ru, Tel. 5044444, Mo.-Fr. 8-21 Uhr. Hier gibt es Briefmarken *(marki)*, auch für Philatelisten, Briefe nach Europa kommen nach etwa vier Tagen an.

✉ **136** [E4] **DHL-Express-Zentrum**, Ul. Ochotnyj Rjad 2, Metro: Ochotnyj Rjad, www.dhl.ru, Tel. 9561000, tägl. 10-22 Uhr

Sicherheit

In der Kriminalitätsstatistik liegt Moskau noch hinter Wien, Stockholm und Madrid. Ausweise und Wertgegenstände sollte man trotzdem gut verstauen.

Der **Straßenverkehr** stellt eine echte Herausforderung dar, daher ist Vorsicht geboten. Zu späterer Stunde werden Frauen an den Metroausgängen oft gebeten, ihre Papiere zu zeigen. Die Polizei hat in Russland das Recht, ohne erkennbaren Grund nach dem **Ausweis** zu fragen. Rechtlich einwandfrei ist es, wenn man den Reisepass und das Visum als Kopie vorzeigt. Den **Pass** lässt man besser **im Hotel**. In über 100 Stationen der Moskauer Metro gibt es seit 2006 **SOS-Säulen** für den Fall, dass man belästigt wird.

Man sollte nicht in ein Taxi steigen, in dem bereits andere Fahrgäste mitfahren.

Sport und Erholung

„Berlin, Paris, London, das sind doch alles Kurorte im Vergleich zu Moskau."

Christine Hamel in „Moskauer Pirouetten", Picus Verlag Wien

Banjas (russische Sauna)

● **137** [bh] **Krasnopresnenskije Banji**, Stoljarnyj Per. 7, Metro: Uliza 1905 Goda, www.baninapresne.ru, Tel. (499) 2535306 (für Männer), Tel. (499) 2538690 (für Frauen), Mo. 8-22, Di.-So. 8-23 Uhr. Die modernste und teuerste Banja der Stadt, 1980 für die Olympischen Spiele erbaut. Es gibt die klassische Sauna, den russischen Dampfraum und ein riesiges Bad mit Wasserfällen und Massageduschen. Hier tummeln sich Stars und Sternchen ...

● **138** [E3] **Sandunowskaja Banja,** Neglinnaja Ul. 14/Sandunowskij Per. 1, Metro: Kusnezkij Most, www.sanduny.ru, Tel. 7821808, tägl. 8–24 Uhr (Kasse nur bis 20 Uhr). Moskaus opulenteste Banja, benannt nach ihrem ersten Besitzer Sandunow. Architektonisch ist die Banja eine Mischung aus Barock, Gotik und maurischem Stil. Griechische Säulen und 5 Meter hohe Öfen in einem Badehaus, das fast 2000 Besucher pro Tag aufnimmt. Schon im 19. Jahrhundert verlustierten sich in dieser Luxusbanja unweit des Kreml, aller Vermutung nach in der VIP-Sektion des viel pompöseren Männerbereichs, Alexander Puschkin und Sergej Ejsenstejn, der sogar einige Szenen aus seinem Film „Panzerkreuzer Potemkin" hier spielen ließ. Der Swimmingpool stellte das Schwarze Meer dar!

Fußball

„Fußballer sind die Kosmonauten des 21. Jahrhunderts", schreibt Olaf Sundermeyer in seinem Buch „Tor zum Osten – Besuch in einer wilden Fußballwelt". Dass der Zuschlag für die Austragung der Fußballweltmeisterschaft 2018 an Russland ging, war für die Russen Winter- und Sommermärchen zugleich. Fußball ist seit über hundert Jahren der beliebteste Zuschauersport in Russland und erlebt einen Boom. Hunderttausende Fans dankten der russischen Nationalmannschaft „Sbornaja", als diese im Viertelfinale der WM im eigenen Land unglücklich gegen Kroatien ausschied. Für die Mannschaft war das einer der größten Erfolge aller Zeiten.

Die WM-Stadien werden weiter genutzt. Der Erstligist und erfolgreichste russische Klub und neunmalige Russland-Champion Spartak Moskau hat seit 2014 ein eigenes (rot-weißes) Stadion (Otkrytije Arena). 2018 fand in dem 90.000 Zuschauern Platz bietenden Luschniki-Stadion das Endspiel statt. Jetzt kann man es besichtigen. Hinter dem Stadion befindet sich die Seilbahnstation, von der aus man in die Sperlingsberge „fliegen" kann (s. S. 126). Im Spartak-Stadion wurde ein schönes Museum eingerichtet.

● **139** [bk] **Luschniki,** Luschnezkaja Nab. 24, Metro: Sportiwnaja, www.luzhniki.ru, Tel. 7800808, Kartenverkauf täglich 11–18 Uhr (auch an Metrokiosken und online, sogar auf Englisch)

● **140 Spartak Otkrytije Arena,** Wolokolamskoje Schosse 67, Metro: Spartak, www.otkritiearena.ru, Tickets online

Literaturtipps

› „Russkij Futbol – Ein Lesebuch", Stephan Felsberg, Tim Köhler, Martin Brand (Hrsg.), Verlag Die Werkstatt, Göttingen 2018. 16 Autoren zeichnen laut Eigenbeschreibung „ein faszinierendes Bild

> **EXTRATIPP**
>
> ## Die zweitgrößte Eisbahn der Welt
>
> Die zweitlängste Eisbahn der Welt befindet sich mitten im Gorki-Park ❷❽ (geöffnet von Oktober bis März). An den kleinen Holzbuden gleich hinter dem Eingang kann man sich für 6 € pro Stunde Schlittschuhe mieten und sich bei diesem typisch russischen Wintervergnügen unter die Moskowiter mischen. Tipp: Eislaufen bei Nacht!

▷ *Eishockeyspieler gibt es in der Megasport-Arena und in der neuen Metrostation ZSKA zu sehen*

vom russisch-sowjetischen Fußball – als Sport, als Massenphänomen, als Subkultur und nicht zuletzt als Politikum".

› **„Tor zum Osten – Besuch in einer wilden Fussballwelt"**, O. Sundermeyer, Verlag Die Werkstatt, Göttingen 2012. Mit „wild" sind in diesem umfassenden Blick hinter die Kulissen nicht nur die Fans gemeint.

Sprache

Neben Russisch sprechen vor allem jüngere Russen und Russinnen unter 30 auch Englisch, manchmal sogar Deutsch. Ein Moskau-Aufenthalt wird in jedem Fall stressfreier, wenn man zumindest das kyrillische Alphabet kennt und Straßennamen oder Metrostationen entziffern kann.

Banja als Lebenselixier

Das russische Dampfbad ist eine Institution, die es im Mutterland von Väterchen Frost schon im 12. Jh. gab. In der Sowjetzeit ersetzte die meist von Männern besuchte Banja das Café, die Kneipe und den Klub als **Ort des zwanglosen Treffens** *oder der abzuwickelnden Geschäfte. Allerdings von jeher mit Geschlechtertrennung, die es bis heute noch gibt. Aus diesem Grunde trägt man weder Badehose noch Badeanzug. Anders als von westlichen Touristen oft vermutet, ist die Banja kein Ort des Lasters. Die Banja, das russische Bad, hat eine Temperatur von ca. 60–80 °C und eine sehr hohe Luftfeuchtigkeit. Traditionell wird sich darin mit einem feuchten, am Eingang gekauften Birkenreisigbündel („wjenik") an Armen und Beinen „geschlagen" (Quästen). Das Herzstück der Banja ist die Schwitzkammer, in der man zunächst nicht länger als 6 bis 7 Minuten verweilen sollte. Danach geht es unbedingt ins eiskalte Tauchbecken und dann auf die Liege. Etwa zwei Stunden dauert ein durchschnittlicher* **Banjabesuch.**

Je nach Banja wird man mit Getränken aus der Thermoskanne und Snacks versorgt. Ein Laken, in das man sich einwickelt, gibt es gratis. Badeschlappen und Handtücher sollte man mitbringen, an den auszuleihenden Utensilien nagt manchmal der Zahn der Zeit. In einigen Banjas, vor allem aber auf Flohmärkten, werden noch die pilzförmigen, dunkelgrünen Waldschratmützen aus Filz feilgeboten, mit denen die Russen ihren Kopf vor der mörderischen Hitze schützen. Fotoapparat bereithalten!

Die ersten drei Buchstaben einer Straße oder einer Station sollte man sich aber unbedingt einprägen, um nicht ständig auf die Hilfe anderer angewiesen zu sein. Ein paar Wörter Russisch werden als Zeichen des Respekts und der Höflichkeit sehr geschätzt.

Stadttouren

Vor allem für Reisende, die der russischen Sprache nicht mächtig sind, bieten sich organisierte Stadtführungen an. Mittlerweile ist die Auswahl, vor allem an Themenausflügen, ziemlich groß. Die Touren können problemlos im Internet gebucht werden, die Kommunikation läuft auf Englisch.

› **Architekturführungen mplus**, www.mplus-arch.com, Tel. (903) 5366324 oder +49 173 5153528. Der deutsche Architekt Peter Knoch bietet sachkundige Führungen zu historisch und/oder städtebaulich bedeutenden Bauten der Stadt. Dazu gehört auch die Kreml-Tankstelle ...

› **Hop-on-hop-off-Bus**, www.city-sightseeing.ru, Tel. 2277996, Tickets im Internet (zu bezahlen über PayPal), Zwei-Tages-Ticket ab 20 € (Kinder unter 5 Jahren frei). Die bewährten roten Doppeldeckerbusse sind ein Gewinn für Touristen. An insgesamt 30 Haltestellen (z. B. Bolschoj-Theater, Roter Platz, Metro Alexandrowskij Sad) kann man ein- und aussteigen. Es gibt zwei Zentrumstouren und eine längere Tour bis zum WDNH („das sowjetische Moskau"), Abfahrt ab Twerskaja Ul. 4 (Bosco-Geschäft), die sich wunderbar ergänzen (Fahrten Mo.–Fr. 10–20, Sa./So. 10–21 Uhr). Audioguides auf Deutsch.

●**141** [B3] **Patriarshy Dom Tours**, Sadovaja-Kudrinskaja 11, Büro 531533, Metro: Barrikadnaja, einfacher mit Bus B, www.toursinrussia.com, Tel. 7950927, Mo.–Fr. 9–18 Uhr, auch online zu buchen. Sehr professionell organisiertes, junges Team eines amerikanisch-russischen Joint Ventures, das Exklusivführungen durch Moskau anbietet, zum Beispiel den Besichtigung des Großen Kremlpalasts, ein Besuch des KGB-Museums oder eine Tour zu Stalins Bunker.

› **Urban Adventures**, www.moscowurbanadventures.com, Tel. (903) 7208398, Touren um 10 oder 12 Uhr, Start an einer Metrostation, Preis: ab 50 € pro Person. Englisch sprechenden Reisenden sei die coole Crew von Urban Adventures ans Herz gelegt. „Explore Moscow with Locals" ist hier nicht nur ein hehres Ziel, sondern gelebte Realität. Junge Moskauer nehmen die Touristen mit auf eine dreistündige Thementour – entweder in die Metro, durch das Hipster-Moskau, an Orte der Künstlerszene oder andere spannende Spots.

> **EXTRATIPP**
>
> **Retro Futuro Virtual Reality Tour**
> Junge Moskauer Architekturstudenten zeigen eine Stadt, die es nie gab (auf Russisch oder Englisch). Die **Spaziergänge mit VR-Brille** sind Zeitreisen der Extraklasse. An strategischen Punkten werden die nicht realisierten Bauten aus der Sowjetzeit in die Szenerie gespielt („Utopian Soviet Buildings"), sodass man auf dem Roten Platz steht und seinen Augen nicht traut ... Ebenfalls im Programm: „The Avantgarde that never was".
> › Nikolskaja Ul. 17, Büro 2 im Slawjanski-Zentrum, https://archigeek.engineer-history.ru, Tel. (499) 3222325 (online buchen und bezahlen, ab 20 €, Pass und Kaution für die VR-Brille in Höhe von 2000 Rubel mitbringen)

Telefonieren

Eine Erklärung zu den Moskauer **Vorwahlen** findet sich im Vorspann dieses Buches auf S. 5.

Ortsgespräche innerhalb Moskaus sind kostenlos. Internationale Telefonate aus dem Hotelzimmer sind teuer. Von fast jedem öffentlichen Automaten und auch aus dem Hotelzimmer telefoniert man günstig mit den an Metro-Schaltern, in Postämtern, am Flughafen oder an Zeitungskiosken zu kaufenden **Telefonkarten** mit Code (nicht mit Chip). Man wählt die dort angegebene Moskauer Nummer und gibt dann den freizurubbelnden Code ein. Nach der obligatorischen 8 wartet man auf ein Freizeichen und wählt dann 10-49 für Deutschland, 10-41 für die Schweiz und 10-43 für Österreich plus die gewünschte Vorwahl ohne die Null (vom Handy aus 0049, 0041, 0043). Für ein Ferngespräch braucht man mindestens 100 Einheiten. Die benutzerfreundlichen Telefonkarten gibt es mit 50, 100, 120, 200, 400 und 1000 Einheiten. Wichtig ist Folgendes: Sobald der Gesprächspartner am anderen Ende zu hören ist, muss man **die Taste mit dem Sprechsymbol** drücken. Andernfalls hört der Angerufene nichts.

Telefonieren mit einem ausländischen **Smartphone** *(mobilnik)* ist sehr teuer. Oft werden 5 € für eine Minute nach Deutschland berechnet. SMS kosten nur wenige Cent, www.24mobile.de informiert über Roamingkosten. Für die Nutzung der Apps sollte man das Datenroaming ausschalten. Es gibt in der ganzen Stadt WLAN, sogar in der Metro. Wie man sich einwählt s. S. 110.

Toiletten

An vielen öffentlichen Plätzen stehen grüne Toilettenhäuschen *(platnyj tualet)*, die meist sehr sauber sind. „Ж" steht für Damen, „М" für Herren. Toiletten in Restaurants und Cafés dürfen jederzeit kostenlos benutzt werden.

Uhrzeit

Die **Moskauer Zeit** liegt zwei Stunden vor der Mitteleuropäischen Zeit (MEZ + 2 Stunden). Von Ende März bis Ende Oktober verringert sich während unserer **Sommerzeit** die Zeitverschiebung auf eine Stunde.

Unterkunft

Aufgrund des Rubelverfalls sind heute auch Viersternehotels erschwinglich. Besonders günstige Unterkünfte findet man am Stadtrand, dann sollte aber eine Metrostation in der Nähe sein. Von dort aus ist man in 20 Minuten am Roten Platz. Da das Frühstück meist nicht im Zimmerpreis inbegriffen ist, kann man morgens auch in einen der zahlreichen Coffeeshops gehen.

Preiskategorien
Die Angaben beziehen sich auf eine Übernachtung im Doppelzimmer inkl. Frühstück:

€	bis 120 €
€€	ab 120 €
€€€	ab 220 €
€€€€	ab 300 €

Hotelbuchungen über das Internet sind generell günstiger.

Beim Einchecken wird der Pass mit dem Visum und der Einreisekarte für die Registrierung kopiert. Die Visitenkarte mit der Adresse des Hotels auf Russisch und Englisch sollte man ebenfalls immer mitnehmen, um dem Taxifahrer notfalls zeigen zu können, wohin man gefahren werden möchte.

Hotels

142 [B5] **Azimut Smolenskaja** €€, Smolenskaja Ul. 8, Metro: Smolenskaja, https://de.azimuthotels.com, Tel. 1815800. **Hip und modern:** Dieses frisch renovierte frühere Sowjethotel besticht durch seine schönen, schwarz-weiß-rot eingerichteten Zimmer, den Blick auf mindestens eine Stalin-Kathedrale und die zentrale Lage an einer Bushaltestelle von Bus B. Die Kategorie Superior bietet einen Schreibtisch und Blick auf Moscow City. Verkehr als Hintergrundrauschen muss man einkalkulieren. Sehr beliebt, daher oft ausgebucht.

143 [F3] **Brick Design Hotel** €€€, Mjasnizkaja Ul. 24/7 (im Hof, Gebäude 3–4), Metro: Tschistije Prudy, www.brickhotel.ru, Tel. (499) 1102470. **Modernes Fabrikambiente mit Parkett und Ziegelsteinwänden** bietet dieses früher zur Stroganow-Akademie gehörige Townhouse aus dem 19. Jahrhundert. Jedes der zehn Zimmer ist einem Künstler gewidmet und liebevoll mit Designmöbeln eingerichtet. Zwei Studios mit Küchenzeile. Zentral, aber ruhig. Ideal für Nachtschwärmer.

144 [B5] **Bulgakov Mini-Hotel** €, Ul. Arbat (Eingang 2, durch den Hof in der Plotnikov Per.), Metro: Smolenskaja, www.bulgakovhotel.com, Tel. 2298018. **Zentrale, aber kuschelige Location:** unschlagbar günstig, die Zimmer und Bäder sind klein, aber liebevoll eingerichtet und besitzen eine stattliche Deckenhöhe. In einem typischen Moskauer Wohnhaus mit echtem „Meister und Margarita"-Feeling (Romanklassiker von Bulgakow) ...

145 [D4] **Courtyard Marriott** €€, Wosnesenskij Per. 7, Metro: Aleksandrowskij Sad, www.courtyardmoscow.com, Tel. 9813300. **In Kreml-Nähe, aber ruhig:** Für Fans klassischer Musik ist dieses sehr schöne Hotel mit einem großen Glasinnenhof die ideale Bleibe. Das Konservatorium ist um die Ecke, 10 Min. fußläufig vom Kreml entfernt, Publikum mittleren Alters. Helle, freundliche und große Zimmer, Fitnessraum und ein traumhaftes, mediterranes Frühstücksbüfett sind inbegriffen. Der Sonntagsbrunch ist stadtbekannt und kostet derzeit rund 30 €.

146 [dk] **Danilowskaja** €, Bolschoj Starodanilowskij Per. 5, Metro: Tulskaja, http://danilovsky.ru, Tel. 9540503. **Kultig!** Eine Ikone, eine Bibel und ein Bild von Patriarch Alexej findet man in jedem der spartanischen Zimmer in dem etwas klotzigen, von außen abweisend wirkenden, zum Danilow-Kloster gehörenden Anbau. Ein kleiner Swimmingpool, ein sehr gutes Restaurant, eine Banja, ein Internet-Café und der freundliche Service machen diese heiligen Hallen zu einer ruhigen Oase außerhalb des Gartenrings. In zehn Minuten ist man an der Metrostation und von dort in 15 Minuten im Zentrum.

147 [F7] **IBIS Moscow Centre Hotel** €, Ul. Bachruschina 11, Metro: Pawelezkaja, www.ibis.com, Tel. 7205301. **Gutes Drei-Sterne-Hotel in zentraler (und doch ruhiger) Lage:** Zwei Minuten von der Metrostation und dem Bahnhof Pawelezkaja (Aeroexpress Domodedowo) entfernt liegt dieses IBIS-Hotel mit dem gewohnten Service: 24-Stunden-Snacks, Frühstück von 6.30–11 Uhr. Zimmer ab 75 € ohne Frühstück (Büfett oder à la carte).

148 [bi] **IBIS Moscow Kiewskaja** €, Ul. Kiewskaja 2, Metro: Kiewskaja, www.ibis.com. **Super Lage, günstiger Preis:** Dieses mit 350 Betten relativ große und neue IBIS-Hotel steht direkt an der Metrostation Kiewskaja und ist in nur 30 Min. Fahrtzeit vom Flughafen Wnukowo zu erreichen. Ein Bootsanleger befindet sich ganz in der Nähe und mit der Metro ist man in drei Stationen am Roten Platz. Zugang zum Schwimmbad, das zum Komplex gehört.

149 [E6] **Kadaschewskaja Hotel** €€, Kadaschewskaja Nab. 26, Metro: Nowokusnezkaja, www.kadashevskaya.com, Tel. 52878710. **Für Designfans:** Viel Holz, Design und warmes Ambiente bietet dieses neue kleine Boutique-Hotel 500 Meter von der Metro entfernt. In 15 Minuten ist man am Kreml, in fünf an der Tretjakow-Galerie – und zwar zu Fuß. Ein echter Tipp mit erstklassigem Preis-Leistungs-Verhältnis.

150 [bk] **Korston Klub Hotel** €-€€, Ul. Kosygina 15, Metro: Leninskij Prospekt, www.korston.ru, Tel. 9398000. **Ideal für Disco-Gänger:** Von dem schmucklosen Plattenbau außerhalb des Gartenrings hat man einen herrlichen Blick über die Dächer der Stadt. Die Zimmer sind renoviert und einfach, aber nett eingerichtet. Für Nachteulen gibt es Frühstück von 7 bis 17 Uhr. Getanzt wird im Kasino-Klub unten. Leider muss man bis zur Metro weit laufen, kann aber auch mit dem Bus Nr. 7 dorthin fahren.

151 [H3] **Mamaison Pokrovka Suite Hotel** €€, Pokrowka Ul. 40/2, Metro: Tschistye Prudy, www.pokrovka-moscow.com, Tel. 2295757. **Gutes Preis-Leistungs-Verhältnis:** In dieser Kategorie herausragend ist dieses 2009 eröffnete Suite Hotel mit Spa und Schwimmbad. Großzügige Zimmer mit kleiner Küche und schönem Design. Das alles ab 160 € pro Nacht in ruhiger, zentraler Lage mit weltstädtischem Flair. Zur Metro sind es 15 Min. zu Fuß.

EXTRAINFO

Buchungsportale

Neben Buchungsportalen für **Hotels** (z. B. www.booking.com, www.hrs.de oder www.trivago.de) bzw. für **Hostels** (z. B. www.hostelworld.de oder www.hostelbookers.de) gibt es auch Anbieter, bei denen man **Privatunterkünfte** buchen kann. Portale wie www.airbnb.de, www.wimdu.de oder www.9flats.com vermitteln Wohnungen, Zimmer oder auch nur einen Schlafplatz auf einer Couch.

152 [bi] **Panorama City Hotel** €-€€, Presenskaja Nab. 6 (im Imperia Tower), Metro: Delowoj Zentr, http://panoramacity.ru. **Neu, chic, mit Mega-Panorama:** Dieses gerade erst fertiggestellte Dreisternehotel im 48. Stock des Imperial-Turms in Moscow City bietet geschmackvoll eingerichtete, relativ kleine Zimmer, die eine geniale Aussicht und Frühstück auf dem Zimmer bieten. Man kann aus sechs verschiedenen Frühstücksarten wählen. Fünf Minuten bis zur Metro in der Afi-Mall.

153 [G4] **Pokrovka 6 Hotel** €, Pokrovka Ul. 6, Metro: Kitaj-Gorod, https://pokrovka-6-hotel.moscow-hotels.org/de. **Design-Hotel für junge Leute in Kitaj-Gorod:** Sehr kleine, in kräftigen Farben eingerichtete und frisch renovierte Zimmer. Trotz quirliger Umgebung kommt man zur Ruhe, das Hotel steht im Hinterhof. Zur Metro muss man weit gehen, aber es fährt auch der Bus M3 dorthin.

154 [bi] **Radisson Collection Hotel** €€€, Kutusowskij Pr. 2/1, Metro: Kiewskaja, www.ukraina-hotel.ru, Tel. 2215555. **Der Himmel über Moskau:** In einer der Stalin-Kathedralen (s. S. 90) zu wohnen, hat seinen Reiz. Und der Blick aus den Fenstern über die Moskwa ist unvergesslich. Das jetzt als 5-Sterne-Hotel firmierende Ukraina liegt zwar etwas weiter vom Zentrum entfernt, ist aber per Bus, Metro und mit dem Taxi bestens zu erreichen. Und es ist eine Legende … Auch als Nichthotelgast kann man 24 Std. einen Blick in die (spektakuläre) Lobby Bar werfen oder ab 18 Uhr in der Mercedes Bar im 30. Stock das Kreml-Panorama bewundern. Am Bootssteg liegen die Schiffe der Flotilla-Flotte vor Anker (s. S. 127). Bitte einsteigen!

🏨**155** [bi] **Red Brick Hotel (Presnja)** €, Rochdelskaja Ul. 15/22, Metro: Krasnopresnenskaja (weit zu gehen), http://redbrickhotel.com, Tel. (499) 2521291. **Hotel in einem Fabrikgebäude aus dem Jahr 1783:** Mitten in einer von Moskaus Hipster-Hochburgen steht dieses neu eröffnete Haus. Die stylish eingerichteten Zimmer der früheren Trikotagenfabrik sind mit Parkett, AC und Ziegelwänden ausgestattet. Wenn es ausgebucht sein sollte, gibt es noch das Schwesterhotel in Kitaj-Gorod. Super Preis-Leistungs-Verhältnis.

🏨**156** [F7] **Richter Hotel** €€-€€€, Pjatnizkaja Ul. 42, Metro: Tretjakowskaja, https://richter.moscow, Tel. 4887142. **Stilvoller Altbau mit geräumigen Zimmern:** Die mit großen Betten und Parkettböden gestalteten Zimmer warten zum Teil mit unorthodoxen Details auf. Duschen sind mitten im Raum postiert, Kunstwerke wurden als Sitzmöbel umfunktioniert und Bademäntel mit einem Löwen-Logo ausstaffiert. Zu dem angesagten Boutique-Hotel mit schönem Frühstücksraum gehören ein Café, eine Bücherecke und eine Galerie. Ab und zu legen DJs auf. Nur 10 Minuten zu Fuß zur Alten Tretjakow-Galerie ㉕.

🏨**157** [D4] **Ritz-Carlton** €€€€, Twerskaja Ul. 3, Metro: Ochotnyj Rjad, www.ritzcarlton.com, Tel. 2258888. **Hochpreisig, aber zentral:** Opulent, aber modern präsentiert sich das neue Luxushotel am Roten Platz. In den oberen Etagen blickt man über die Dächer des Hotel National auf die Basilius-Kathedrale. In der gläsernen O2 Lounge trifft man im Sommer alte Bekannte. Der Sylter Gastronom Herbert Seckler betreibt dort zeitweise einen „Sansibar"-Ableger. VIP-Alarm mit Strandkörben und Wasabi-Nüssen!

Hostels

🏨**158** [E2] **Godzillas Hostel** €, Bolschoj Karetnyj Per. 6, Metro: Zwetnoj Bulwar, Trubnaja, https://godzillashostel.com, Tel. 6994223. **20 Minuten zu Fuß vom Kreml entfernt:** Moskaus bekanntestes und größtes Hostel, in dem auch Doppelzimmer verfügbar sind (Einzelzimmer ca. 60 €, DZ ca. 35 € pro Person, Vierbettzimmer 20 €). Gepflegt und zentral, Registrierungsservice inklusive. Sehr beliebt und daher schnell ausgebucht.

🏨**159** [bi] **Icon Hostel** €, Presnenskaja Nab. 6 (in Moscow City, Imperia Tower 2, 43. Stock), Metro: Delowoj Zentr, www.iconhostel.com. **Neu, günstig und Eins-a-Lage:** Dies ist eines der wenigen Wolkenkratzerhostels weltweit und schon wegen der Aussicht eine super Adresse. Das Doppelzimmer mit einem Bett kostet ab 50 € pro Nacht, ein Bett im Vierbettzimmer 25 €. Große Küche, sehr saubere Bäder, Frühstück inklusive, alles tiptop. Mit der Metro sind es nur vier Stationen bis ins Zentrum. Oft ausgebucht.

Wohnungen, Privatunterkunft, Bed and Breakfast

●**160** [A5] **Balmont Apartments**, Smolenskaja Ul. 10, Metro: Smolenskaja, www.balmont.ru, Tel. (926) 5855555, komplett sanierte, sichere und ruhige Design-Apartments, nur 2 Gehminuten von der Metro entfernt, ab 90 €.

●**161** [B6] **Rimma Arsumjan**, Malyj Lewschinskij Per. 22, Metro:

Kropotkinskaja, Buchung per E-Mail: rimma64@gmail.com. Schöne, sichere und komfortable 1-Zimmer-Wohnungen ab 70 € (je länger der Aufenthalt, desto günstiger) pro Nacht inkl. Wäsche, Telefon, Putzfrau, Kabel-TV und Internet in zentraler, ruhiger Lage.

Verhaltenstipps

Am besten so

❯ Die **Gastfreundschaft** der Russen ist legendär. Eine Einladung bei Freunden dauert meist bis spät in die Nacht. Als Gast bringt man Blumen (in ungerader Zahl) oder Konfekt mit.
❯ **Verständnis** zeigen. Zuverlässigkeit und Pünktlichkeit haben für Russen eine andere Bedeutung als für Westeuropäer.
❯ Heutzutage wird schnell, allerdings nicht offiziell, sondern im Gespräch, zum „Du" übergegangen. Man nennt sich dann beim Vornamen, bleibt aber beim „Sie". Vor allem Ältere siezt man weiter, auch wenn man selbst von ihnen geduzt wird.
❯ Da **Leitungswasser** nicht getrunken werden sollte, muss man sich mit Mineralwasser versorgen. Dafür gibt es in fast jeder Kirche einen Samowar, an dem man sich bedienen darf.
❯ **Straßenunterführungen** machen so manch kurze Distanz zu einer Himalaya-Expedition. Zunächst muss man das Schild mit dem die Treppe hinuntergehenden Männchen überhaupt erst mal finden. Man sollte sie benutzen, denn die Überquerung einer sechsspurigen Straße ist lebensgefährlich.

So nicht

❯ **Direkter Blickkontakt** wird von Russen noch immer als überheblich und aufdringlich empfunden. Daran sollte man sich auch halten.
❯ Gefühlt sieht man in Moskau keine russische Frau ohne **Stöckelschuhe.** Man selber sollte sich das gut überlegen, da die vielen Schlaglöcher, die großen Distanzen und das unebene Kopfsteinpflaster das Laufen ohnehin schon erschweren …
❯ **Zebrastreifen** werden von den Autofahrern kaum beachtet. Darauf zu hoffen, dass ein Fahrer bremst, ist zwecklos. Erst gehen, wenn die Sicht frei ist.
❯ Man sollte auf keinen Fall versuchen, sich oberirdisch einen Weg durch den Verkehr zu bahnen, wenn keine Ampel zu finden ist, sondern die **Unterführungen** nehmen.

Verkehrsmittel

Metro

11 Millionen Passagiere am Tag können nicht irren. Die Metro ist noch immer das schnellste, effektivste und eindrucksvollste Verkehrsmittel der Stadt. Von außen sind die meist auffallenden **Metroeingänge** an einem roten „M" zu erkennen. Die Eingänge sind markiert mit dem Wort вход (Ausgang: выход). Die langen und steilen **Rolltreppen** bewegen sich vor allem zu Stoßzeiten (7–10, 18–20 Uhr) mit erhöhtem Tempo. „Links

EXTRATIPP

„Metro 2033"
Dmitry Glukhovskys spannender und atmosphärisch dichter Endzeit-Roman „Metro 2033" zeigt die Moskauer Unterwelt als postapokalyptisches Fantasiereich mit ganz eigenen Gesetzen. Inzwischen gibt es diverse Fortsetzungen und Videospiele. Die Verfilmung liegt jedoch auf Eis, da der Autor nicht wollte, dass der Film in Amerika gedreht wird.

Die Rolltreppen zur Moskauer Metro

ja), ohne dass es eine Umsteigemöglichkeit gibt. Die Station Kitaj-Gorod gibt es auf der orangefarbenen und auf der lilafarbenen Linie. Gefährlich ist das unterirdische Labyrinth nicht. Allerdings wirken die **Menschenmassen** etwas erdrückend. Kann man keinen Sitzplatz ergattern, sollte man sich gut festhalten. Die Züge rasen mit bis zu 70 km/h durch die Unterwelt.

› Metroplan (russisch/englisch) zum Herunterladen: http://news.metro.ru/sc_lat.html, siehe auch Moskau-App Metropolitan (S. 109)
› 5.30–1 Uhr. Am günstigsten ist der Kauf einer **Troijka-Karte** (1 €), die mit einem gewünschten Betrag aufgeladen werden kann und in jedem Verkehrsmittel funktioniert. Man hält sie an die Magnetschranke. Die Bezahlung funktioniert auch mit ApplePay, dann hält man das iPhone einfach an die Schranke.
› Ein Metroplan befindet sich in der hinteren Klappe dieses Buches.

gehen, rechts stehen" ist die Devise. Es ist sinnvoll, sich festzuhalten.

Zur Freude aller ausländischen Gäste wurde 2018 die gesamte Metrobeschilderung auf Russisch *und* Englisch umgestellt. Die Stationen werden sogar in den Zügen auf Englisch angekündigt. Das blau unterlegte Schild (переход) (**Übergang**) auf dem Bahnsteig ist überlebenswichtig. Damit sind die Übergänge zu den anderen Linien gemeint. Auf dem Schild ist zumindest die Farbe der gewünschten Linie zu erkennen. **Zwei Stationen zweier gänzlich unterschiedlicher Linien tragen denselben Namen** (Arbatskaja, Smolenska-

Busse, Nachtbusse und Straßenbahnen

Busse und Straßenbahnen können so manche große Distanz deutlich verkürzen. Die Metrostationen liegen oft zu weit auseinander. Daher macht es Sinn, sich ein paar Buslinien zu merken. Seit Anfang 2019 sind 500 Elektrobusse im Einsatz, deren Bewegungen man per App verfolgen kann. Schön ist die Buslinie 2, die am Kreml vorbeifährt und am Siegespark endet. Auch die Busse 5 und 15 eignen sich hervorragend für eine Fahrt entlang des **Boulevardrings**, wobei die Linie 15 von der Metro Puschkinskaja sogar bis zu Tolstojs Wohnhaus ❸❼ und weiter zum Neujungfrauenkloster ❸❽ fährt.

Die Metro: Utopia unter der Erde

Moskaus unterirdisches Utopia sollte ein „Anti-Paris" werden. Die Schönheit von Paris fand sich an der Oberfläche, in Palästen und Boulevards. Moskaus „Paläste für das Volk" sollten unter der Erde wachsen. Im Jahr 1931 fasste das ZK in Moskau den Beschluss, eine Metro zu bauen. Die Bauarbeiten begannen mit vorsintflutlichen Gerätschaften, bis dampfbetriebene Bohrmaschinen aus England importiert werden konnten. Getreu der Losung „Es gibt keine Festungen, die die Bolschewiki nicht nehmen können!" ging der Ausbau dann in rasendem Tempo vonstatten. Schon 1935 konnte die erste Linie mit 13 Stationen ihren Betrieb aufnehmen. Und der Rest der Welt kam aus dem Staunen nicht mehr heraus. Ausgerechnet die Bolschewiki hatten die schönste, schnellste, sicherste und luxuriöseste Metro der Welt geschaffen, für deren Gestaltung eigens Architekturwettbewerbe ausgeschrieben worden waren. Noch heute ist an den unterschiedlichen Stationen zu sehen, dass sich Traditionalisten und Konstruktivisten in Moskau Konkurrenz machten. Zum Teil wurde Marmor aus der gesprengten Christ-Erlöser-Kathedrale **34** *verwendet, aber auch mit dem Zug aus dem Ural, dem Altai-Gebirge und dem Kaukasus hierher verbracht. Unmengen von Granit, Stuck und anderen aufwendigen Materialien ließen die Metros der anderen Städte verblassen. Lebensgroße Statuen, Mosaiken aus 300.000 Einzelteilen und riesige Kristallüster machten die Metro zu einem mystischen, fast surrealen Ort. Das Beste war für das Volk gerade gut genug, war doch das Leben über der Erde alles andere als einfach. Das Ideal einer sozialistischen Stadt sollte fortan unter der Erde zu finden sein. Die Metro hatte in Moskau immer auch eine Propagandafunktion. Selbst nach Kriegsausbruch wurde ihr Ausbau fortgesetzt. Auch der Bau einer zweiten, „geheimen" Kreml-Metro wurde von Anfang an vorangetrieben. Dabei handelt es sich um drei sternförmig vom Kreml ausgehende Metro-Linien, die bis heute existieren. Im Laufe der Jahre musste die bis 1994 Lenin-Metro genannte Untergrundbahn dem gestiegenen Passagieraufkommen ihren Tribut zollen. Der Ausbau machte mehr Umsteigebahnhöfe und ein größeres Netz nötig. Heute sind die Glühlampen in den pompösen Leuchtern der Stationen meist durch Fluoreszenzröhren ersetzt, Kassettendecken sind einfacher Halogenbeleuchtung gewichen. Auch die veralteten Waggons sowjetischer Produktion trüben das Bild der unterirdischen Tempelanlagen. Musiker, denen keiner zuhört, in Glaskästen gezwängte Rolltreppenwächterinnen und schummrige Verbindungsgänge offenbaren auch die Schattenseiten des russischen Utopia. In dem 333 km langen Netz mit 200 Stationen werden die Passagiere zu Stoßzeiten im 75-Sekunden-Takt befördert. Die Station „Park Pobedy" ist mit der längsten Rolltreppe der Welt ausgestattet.*

Das gesamte Metronetz war von Beginn an auch als gigantischer Luftschutzbunker konzipiert worden, daher die enorme Tiefe. Trotz dieser Tiefe gibt es überall WLAN.

Der Bus mit dem Buchstaben ъ (B) ist für Touristen sehr wichtig. Er fährt **24 Stunden** im Kreis über den gesamten **Gartenring** und bietet einen interessanten Eindruck von Moskaus Urbanität. Einsteigen kann man z. B. an den Metrostationen Park Kultury, Krasnye Worota oder Smolenskaja. Es wird sogar auf Englisch „im Uhrzeigersinn" und „gegen den Uhrzeigersinn" angezeigt. Zwischen 1 und 5.30 Uhr verkehren neuerdings auch die Nachttrams, etwa die Nummer 3, z. B. von der Metro Tschistye Prudy über die Metro Nowokusnezkaja bis zur Metro Pawelezkaja. Der Nachtbus 15 verbindet die Metro Puschkinskaja mit der Metro Kropotkinskaja, der Nachtbus 1 fährt einmal von Nord nach Süd, u. a. zwischen den Metrohalten Sokol, Ochotnyj Rjad, Kropotkinskaja und Oktjabrskaja.

Die **Tram 39** bietet eine Zeitreise für jene, die vom Pawelezkij Woksal bis zur Alten Tretjakow-Galerie ㉕ und dann durch das alte Kaufmannsviertel bis zu den „Sauberen Teichen" (Metro Tschistye Prudy) fahren möchten.

Einzeltickets gibt es beim Fahrer, einfacher geht es mit der Troijka-Karte (s. S. 124), die nur vor das Magnetfeld gehalten werden muss.

❯ http://**msk.rusavtobus.ru/en**, alle Verkehrsmittel auf einer Seite, auf Russisch und Englisch, praktischer geht's nicht

Seilbahn

Hinter dem Luschniki-Stadion liegt die Talstation der neuen Seilbahn, von der aus man den Fluss Moskwa in 30 Metern Höhe überquert und nach der Mittelstation „Nowaja Liga" schließlich die Bergstation „Kosygina" erreicht.

❯ **Seilbahn (Kanatnaja Doroga),** Talstation: Metro Worobjowy Gory, Luschnezkaja Nab. 24/1. Bergstation: Metro Uniwersitet, Kosygina Ul. 28, http://srkvg.ru, geöffnet: Mo. 16–22, Di.–Do. 10–22, Fr.–So. 10–23 Uhr, Sa./So. ca. 8 € (hin und zurück), unter der Woche nur 4 €

☐ *Am Himmel über Moskau schweben jetzt Gondeln im Porsche-Design*

Taxi

Die offiziellen gelben Taxis mit dem weiß-schwarzen Schriftzug sind leicht zu finden. Jedoch sollte man die offiziellen Taxis nur nehmen, wenn man keine Taxi-App auf seinem Smartphone hat, und in Ausnahmefällen. Sie sind fast doppelt so teuer wie die App-Taxis.

Yandex Taxi (s. S. 110), der größte Moskauer Anbieter, offeriert private Mitfahrmöglichkeiten und ist mit Uber vergleichbar.

Elektritschkas

Früher oder später findet sich beinahe jeder Tourist in einem der hoffnungslos veralteten **Vorortzüge**, den Elektritschkas, wieder, die Moskau mit dem Rest des nicht gerade kleinen Einzugsgebietes der Metropole verbinden. Sollte man einen der unbequemen Pritschenplätze ergattert haben, lohnt es sich nicht, etwaige Lektüre aus der Tasche zu holen. Sobald der Zug den Bahnhof verlassen hat, bieten die ersten **fliegenden Händler** ihre Waren in den Waggons feil. Dazu hält jeder einzelne einen ungefähr zehnminütigen Monolog über das günstig zu erstehende Gut, das er in seinen Händen hält, wahlweise ein Putzschwamm, ein Leuchtstift oder eine Tafel Schokolade. Gelegentlich gibt es auch nützliche Dinge wie Stadtpläne zu kaufen. Die Elektritschkas sind ein typisch russisches Relikt aus längst vergangenen Tagen.

› Tickets ab ca. 4 €, Papiertickets mit Code, die man an die Schranke halten muss, und zwar bei der Abfahrt *und* bei der Ankunft. Das Ticket muss daher aufbewahrt werden!

› http://msk.rusavtobus.ru/en

Bootsfahrten

Ab 16 € sieht man Moskau bei **Flotilla** in einem ganz anderen Licht. Zwischen 13 und 21 Uhr fahren tagtäglich im Sommer, aber eben auch im Winter die Schiffe dieser hypermodernen Flotte (Flotilla) in 2½ Stunden an allen Sehenswürdigkeiten der Stadt vorbei. Einsteigen kann man am Radisson Hotel (s. S. 121) oder im Gorki-Park ㉘. Tickets sollte man vorher bestellen (auch online möglich), da die Plätze begehrt sind. Es gibt verschiedene Schiffstypen und sogar Abend-Cruises mit Essen. Neu im Programm: „Dinner mit Klassikern von Anton Tschechow" mit Schauspiel und Gerichten, die nach Rezepten aus dem 19. Jahrhundert zubereitet werden. Audioguides in deutscher Sprache.

› **Flotilla Radisson Royal Moscow,** Tarasa Schewtschenko Nab., Anleger am Hotel, Metro: Kiewskaja, www.radisson-cruise.ru, Tel. 2285555, Tickets auch am Anleger im Gorki-Park

Versicherungen

Eine **Auslandsreisekrankenversicherung** für Russland ist Pflicht. Ohne sie bekommt der Reisende ohnehin kein Visum. Daher muss man vor Abschluss des Vertrages prüfen, ob die Versicherungsgesellschaft vom russischen Konsulat akzeptiert wird (Infos unter https://russische-botschaft.ru/de/consulate/visafragen/reiseversicherung). Der von der Stiftung Warentest geprüfte Anbieter www.secure-travel.de und der ADAC bieten günstige Tarife. Die Police ist mindestens 14 Tage vor Abreise online abzuschließen und beinhaltet auch einen Krankenrücktransport.

Wetter und Reisezeit

In Moskau herrscht ein kontinentales Klima. Die durchschnittliche **Jahrestemperatur** beträgt 5 °C. Im Jahr fallen durchschnittlich 688 Millimeter **Niederschlag** (zum Vergleich: in Berlin sind es 579 Millimeter), der meiste davon fällt im Juli, im März hingegen regnet es selten.

Im **Winter** liegt die Temperatur in Moskau meist bei −12 bis −15 °C. Temperaturen unter −20 °C sind keine Seltenheit. Ab Ende September tritt der erste Nachtfrost auf. Die Durchschnittstemperatur liegt im September bei 10,9 °C, im Oktober bei 5 °C und im November bei −1 °C. Der ab Ende Oktober zu erwartende Neuschnee verwandelt sich aufgrund des häufigen Tauwetters schnell in braunen Schneematsch. Eine feste Eisdecke auf der Moskwa bildet sich Ende November, der Eisbruch beginnt Mitte April. Im Dezember liegt die Durchschnittstemperatur bei −6,1 °C, im Januar bei −9,3 °C und im Februar bei −7 °C.

Der **Frühling** ist im Vergleich zu Deutschland noch relativ kühl. Im März liegt die Durchschnittstemperatur bei −2 °C, im April bei 5,8 °C und im Mai bei 12,9 °C. Anfang Mai ist mit den ersten Gewittern zu rechnen.

Der **Sommer** ist in der Regel warm und sonnig, mitunter aber auch sehr heiß und schwül. Temperaturen von über 35 °C sind nicht selten. Die Durchschnittstemperatur liegt im Juni bei 16,6 °C, im Juli bei 18,1 °C und im August bei 16,4 °C. Die **beste Reisezeit** ist von Mai bis Oktober/November. Im Sommer kann man in Straßencafés sitzen und sich in den zahlreichen Parks erholen. Aufgrund der Sommerferien ist es in den Monaten Juli und August aber auch überall recht voll. Erschwerend kommt hinzu, dass zwar alle Museen im August geöffnet, aber alle Theater (Bolschoj-Theater ⑫, Puppentheater etc.) geschlossen sind. Auch die Besichtigung des Bolschoj-Theaters ist dann nur im Rahmen einer privat geführten Tour möglich. Für Besucher, die winterliche Temperaturen und blauen Himmel mögen, sind November bis April ideal. Die Kälte ist so trocken, dass man die hohen Minusgrade kaum merkt.

Das schönste Wetter erlebte die Autorin Ende Oktober/Anfang November bei −2 °C und Sonne. Allerdings sollte man wissen, dass die Tage im **Winter** mit meist nur 3–4 Sonnenscheinstunden ziemlich kurz sind.

Vom 1. bis 8. Januar und vom 1. bis 9. Mai sollte man keine Reisen planen. Fast alle Geschäfte und Museen sind in diesen **Kurzferien** geschlossen.

▷ *Die Bling-Bling-Matrjoschka hat unsere Autorin im 5. Stock der Afi-Mall (s. S. 81) entdeckt*

Durchschnitt	**Wetter in Moskau**											
	Jan	Febr	März	Apr	Mai	Juni	Juli	Aug	Sept	Okt	Nov	Dez
Maximale Temperatur	−6°	−4°	2°	11°	19°	22°	24°	22°	16°	8°	1°	−3°
Minimale Temperatur	−13°	−12°	−6°	2°	8°	11°	13°	12°	7°	2°	−3°	−9°
Regentage	11	8	8	9	8	11	12	9	11	10	12	12

ANHANG

Kleine Sprachhilfe Russisch

Die Sprachhilfe wurde dem Kauderwelsch-Sprachführer „Russisch – Wort für Wort" von Elke Becker aus dem REISE KNOW-HOW Verlag entnommen. Um die Aussprache zu erleichtern, wurde (nur in vorliegendem Sprachführer, nicht im Rest des Buches) die folgende Lautumschrift verwendet. Die Betonung liegt jeweils auf dem unterstrichenen Buchstaben.

А, а	a	Р, р	r (gerollt)
Б, б	b	С, с	s (scharf)
В, в	w	Т, т	t
Г, г	g	У, у	u
Д, д	d	Ф, ф	f
Е, е	e, je	Х, х	ch (rau)
Ё, ё	jo	Ц, ц	ts
Ж, ж	sh (weich)	Ч, ч	tsch
З, з	z (weiches s)	Ш, ш	sch (scharf)
И, и	i	Щ, щ	schtsch
Й, й	j (meist stumm)	Ъ, ъ	(Härtezeichen, stumm)
К, к	k	Ы, ы	y
Л, л	l	Ь, ь	j (Weichheitszeichen, nur nach t, d)
М, м	m		
Н, н	n	Э, э	ä
О, о	o	Ю, ю	ju
П, п	p	Я, я	ja

Die wichtigsten Fragen

Есть ...?	Jestj ...?	Gibt es ...?
У вас есть ...?	U was jestj ...?	Haben Sie ...?
Я ищу ...	Ja ischtsch<u>u</u> ...	Ich suche ...
Мне нужно ...	Mnje n<u>u</u>shno ...	Ich brauche ...
Дайте мне, пожалуйста ...	D<u>a</u>jtje mnje posh<u>a</u>lsta ...	Geben Sie mir bitte ...
Где можно купить ...?	Gdje m<u>o</u>shno kup<u>i</u>tj ...?	Wo kann man ... kaufen?
Сколько стоит ...?	Sk<u>o</u>lko st<u>o</u>it ...?	Wie viel kostet ...?
Где ...?	Gdje ...?	Wo ist ...?
Где находится ...?	Gdje nach<u>o</u>ditsa ...?	Wo befindet sich ...?
Я хочу на ...	Ja chotsch<u>u</u> na ...	Ich möchte nach ...
Как мне лучше пройти к ...?	Kak mnje l<u>u</u>tsche pr<u>o</u>jti k ...?	Wie komme ich am besten zu/nach ...?
Проводите меня, пожалуйста к ...	Prow<u>o</u>ditje menja posh<u>a</u>lsta k ...	Bringen Sie mich bitte zu/nach ...
Помогите мне, пожалуйста!	Pomog<u>i</u>tje mnje posh<u>a</u>lsta!	Helfen Sie mir bitte!
Счёт, пожалуйста!	Schtsch<u>o</u>t posh<u>a</u>lsta!	Die Rechnung bitte!

+++ Die wichtigsten Wörter mit dem Bonus-Audiotrack des Kauderwelsch-

Kleine Sprachhilfe Russisch

Die wichtigsten Floskeln und Redewendungen

Да	da	ja
Нет	njet	nein
Спасибо	spasibo	danke
Пожалуйста	poshalsta	bitte
Спасибо, вам тоже!	Spasibo, wam toshe!	Danke gleichfalls!
Здравствуйте!	Zdrastwujtje!	Guten Tag! (jede Tageszeit)
Добро пожаловать!	Dobro poshalowatj!	Herzlich willkommen!
Как поживаете?	Kak poshiwajetje?	Wie geht es Ihnen?
Спасибо, хорошо.	Spasibo, choroscho.	Danke gut.
К сожалению, плохо.	K-soshaleniju, plocho.	Leider schlecht.
До свидания!	Do-swidanja!	Auf Wiedersehen!
Привет!	Priwjet!	Hallo!
Пока!	Poka!	Tschüss!
Хорошо!	Choroscho!	In Ordnung!
Я не знаю.	Ja nje znaju.	Ich weiß nicht.
Приятного апетита!	Prijatnowo apetita!	Guten Appetit!
На здоровые!	Na-zdarowje!	Zum Wohl! Prost!
Извините!	Izwinitje!	Entschuldigung!
Мне очень жаль!	Mnje otschen shal!	Es tut mir sehr leid!

Wochentage

Понедельник	ponjedjeljnik	Montag
Вторник	wtornik	Dienstag
Среда	sreda	Mittwoch
Четверг	tschetwerg	Donnerstag
Пятница	pjatnitsa	Freitag
Суббота	subbota	Samstag
Воскресенье	woskresenje	Sonntag

Die wichtigsten Fragewörter

где	gdje	wo
откуда	otkuda	woher
куда	kuda	wohin
почему	potschemu	warum
как	kak	wie
кокой	kakoj	welcher
сколько	skolko	wie viel
когда	kogda	wann
с каких пор	s-kakich por	seit wann
у кого	u kowo	bei wem, wer hat

+++ AusspracheTrainers auf PC oder Smartphone lernen (siehe Umschlag hinten) +++

Die wichtigsten Richtungsangaben

справа	sprawa	rechts
направо	naprawo	nach rechts
слева	sljewa	links
налево	naljewo	nach links
прямо	prjamo	geradeaus
назад	nazad	zurück
напротив	naprotiv	gegenüber
всё дальше	vsjo dalsche	immer weiter
далеко	daleko	weit
недалеко	nedaleko	nah
перекрёсток	perekrjostok	Kreuzung
светофор	swetofor	Ampel
за городом	za gorodom	außerhalb der Stadt
в центре	v-tsentrje	im Zentrum
здесь	zdjes	hier
сразу здесь	srazu zdjes	gleich hier
там	tam	dort
за углом	za uglom	um die Ecke

Die Zahlen

0	nol	20	dwatsatj
1	odin m, odna w, odno s	30	tritsatj
2	dwa m+s, dwe w	40	sorok
3	tri	50	pjadesjat
4	tschetyre	60	schesdesjat
5	pjatj	70	sjemdesjat
6	schestj	80	wosemdesjat
7	sjem	90	dewjanosto
8	wosem	100	sto
9	djewjatj	200	dwesti
10	desjatj	300	trista
11	odinatsatj	400	tschetyresta
12	dwenatsatj	500	pjatsot
13	trinatsatj	1.000	tysjatscha
14	tschetyrnatsatj	10.000	djesjat tysjatsch
15	pjatnatsatj	100.000	sto tysjatsch
16	schestnatsatj	1.000.000	odin million
17	semnatsatj		
18	wosemnatsatj		
19	dewjatnatsatj		

Zahlen setzt man so zusammen: „Tausender, Hunderter, Zehner, Einer".

21	dwatsatj odin
22	dwatsatj dwa
2333	dwje tysjatschi trista tritsatj tri

Register

A
Aeroexpress 102
Allrussisches Ausstellungszentrum 47
Alter Englischer Hof 19
Alte Tretjakow-Galerie 32
Anreise 102
Antiquitäten 80, 106
Apotheken 112
Apps 109
Arbeiterklub 34
Arbeiter und Kolchosbäuerin 57
Arzt 111
Auferstehungstor 14
Auslandsreisekrankenversicherung 105, 127
Ausreise 104
Ausreisekarte 105
Ausstellungszentren 58

B
Bahn 103
Ballett 22
Banjas 115
Barrierefreies Reisen 104
Bars 72
Bar Strelka 31, 62
Basilius-Kathedrale 18
Behinderte 104
Belorusskaja 37
Bevölkerung 92
Blickkontakt 123
Bliny 61
Blogs 108
Bolschoj-Theater 20
Bootsfahrten 127
Boris Pasternak 49
Bosco Café 68
Botschaften 104
Boulevard-Ring 88
Breschnew, Leonid 94
Bücher 79
Bulgakow-Wohnhaus 38
Busse 124

C
Cafés 68
CDs 80
Chlebosavod Nr. 9 59
Christ-Erlöser-Kathedrale 40
Christi-Himmelfahrts-Kirche 47
Christi-Verklärungs-Torkirche 46
Chruschtschow, Nikita 94
Cosmoscow 85

D
Debitkarte 114
Devisen 106
Diamantenfonds 30
Diplomatische Vertretungen 104
Domodedowo 102
Dreifaltigkeits-Kathedrale 51
DVDs 80

E
EC-Karte 106, 114
Einkaufen 75
Einkaufszentren 81
Einladung 104
Einreisebestimmungen 104
Einreisekarte 105
Eisbahn 116
Eislaufen 116
Elektritschkas 127
Elektrizität 106
Epiphanienkloster 20
Erholung 83, 115
Erster Weltkrieg 93
Erzengel-Kathedrale 26
Essen 60
Events 84

F
Fabergé-Eier 30
Feiertage 86
Fernsehturm Ostankino 9
Feste 86
Flughafen 102
Flugzeug 102
Fotobiennale 84
Frauentag 86
Fremdenverkehrsamt 108
Friedhof des Neujungfrauenklosters 44
Frühling 128
Fußball 116
Fußballweltmeisterschaft 95

G
Galerien 58
Gärten 83
Gartenring 88
Gastfreundschaft 123
Gastronomie 62
Geld 106
Generalplan 91
Geschichte 92
Getränke 60
Gewandniederlegungs-Kirche 28
Girocard 114
Glockenturm Iwan der Große 25
Goethe-Institut 109
Gorbatschow, Michail 94
Gorki Leninskije 50
Gorki-Park 35
Gorki-Wohnhaus 38
Großer Kremlpalast 29
GUM 16

H
Handy 119
Haus am Ufer 32
Haus der Kaufmannsgesellschaft 39
Heilig-Geist-Kirche 52
Historisches Museum 14
Historismus 89
Homosexuelle 114
Hostel 122
Hotel Metropol 39
Hotels 120

Register

I
Ikonen 32
Imbisse 67
Informationsstellen 108
Internet 108

J
Jarowslawler Bahnhof 39
Jelzin, Boris 94
Jugendstil 39

K
Karten 79
Kartensperrnummer 114
Kasaner Kathedrale 14
Kiewskaja 37
Kinder 112
Kirche der Gottesmutter
  von Kasan 47
Kirche der Gottesmutter
  von Smolensk 52
Kirche Johannes
  des Täufers 46, 52
Kitaj-Gorod 14, 88
Klassizismus 89
Klima 128
Klubs 72
Kolomenskoje 46
Komsomolskaja 37
Konzerte 74
Krankenhaus 112
Kreditkarte 106, 114
Kreml 22
Kremlpalast 25
Krim 95
Krimtataren 23
Küche, kaukasische 62
Küche, russische 60
Kunst 54

L
Lage 88
Lawra 52
Lebensmittel 82
Le Corbusier 9
Lenin-
  Mausoleum 17
Lenin-Museum 51
Lenin, Wladimir
  Illjitsch 50, 94
Lesben 114
LGBT+ 114
Literatur 110
Lokale 62
Lomonossow-
  Universität 84

M
Maestro-Karte 106, 114
Malewitsch, Kasimir 34
MAMM 43
Mariä-Himmelfahrts-
  Kapelle 44
Mariä-Himmelfahrts-
  kathedrale 27
Mariä-Himmelfahrts-
  Kathedrale,
  Sergijew Possad 52
Mariä-Verkündigungs-
  kathedrale 28
Märkte 83
Matrjoschka 78
Medien 109
Medizinische
  Versorgung 111
Medwedew, Dmitrij 95
Metro 123, 125
Metrostation
  Majakowskaja 36
Mietshaus
  Isakow 40
Militärparaden 16
Mode 80
Moscow City 99
Moscow
  City Museum 100
Moskauer
  Filmfestival 85
Moskauer Staatliche
  Universität 90
Moskwa (Fluss) 88
Multimedia Art
  Museum
  Moscow 43
Museen 54
Museum für Moderne
  Geschichte
  Russlands 36

N
Nachtleben 72
Netzspannung 106
Neue Tretjakow-
  Galerie 33
Neujahr 86
Neujungfrauenkloster 44
Notfall 107, 113
Notruf 113
Nowoslobodskaja 37

O
O2-Lounge 64
Öffnungszeiten 115
Oko Tower 99
Ostern 86
Ostoschenka 40

P
Palast der Bojaren
  Romanow 20
Parks 83
Partisanskaja 37
Patriarch 27
Patriarchenpalast 27
Peredelkino 49
Peter I. (der Große) 93
Piroschki 61
Ploschtschad
  Rewolutsii 37
Polizei 113
Polnisch-
  Russischer Krieg 93
Post 115
Preisniveau 107
Prospekt
  Mira 37
Puschkin-Museum
  der Bildenden
  Künste 41
Putin,
  Wladimir 94

R

Rauchen 62
Registrierung 105
Reisezeit 128
Restaurants 62
Revolutionsplatz 20
Rolltreppe 9, 123
Romanows 23
Roter Platz 14
Rubel 106
Rückreise 102
Rundgang 12
Russland 88
Rüstkammer 29
Rust, Matthias 16

S

Samoskworetschje 31
Schechtel, Franz (Fjodor) 39
Scheremetjewo 102
Schokoladenfabrik Roter Oktober 31
Schwule 114
Seilbahn 126
Selbstbedienungsrestaurants 67
Sergijew Possad 51
Shopping 75
Sicherheit 115
Sieben Schwestern 90
Sixty 65
Skulpturenpark Muzeon 33
Soljanka 60
Sommer 128
Sommerresidenz der Zaren in Kolomenskoje 46
Souvenirs 76, 106
Sowjetunion 94
Sozrealismus 34
Spartipps 108
Spaziergang 12
Speisen 60
Sperlingsberge 84
Sperrnummer 114
Spezialitäten 82
Sport 115
Sprache 117
Stadtrundgang 12
Stadttouren 118
Stalin, Josef 94
Stalins Kathedralen 90
Stil modern 91
Straßenbahnen 124
Straßennullkilometer 14
Straßenunterführungen 123
Street-Art 97
Stromspannung 106

T

Tag des Sieges 86
Taxi 127
Tee 82
Teeklubs 66
Telefonieren 119
Termine 84
Theater 74
Toiletten 119
Tolstoj, Leo (Lew) 43
Tolstoj-Wohnhaus 43
Tourismus 98
Trinken 60
Trinkgeld 107
Trinkwasser 123
Twerskaja 36

U

Uhrzeit 119
Ukraina Hotel 91
Ukrop 60
UNESCO 23, 52
Unterkunft 119

V

Vegetarier 69
Veranstaltungen 84
Verhaltenstipps 123
Verkehrsmittel 123
Versicherungen 127
Villa Morosowa 40
Visa-Karte 106
Visum 104

Vorortzüge 127
Vorwahl 5
VPAY 107, 114
VR-Brille 99, 118

W

Währung 106
Wasser 123
WDNH 47
Wechselkurse 106
Wetter 128
Winter 128
WLAN 110
Wnukowo 102
Wodka 63

Z

Zarenpalast 48
Zarenstraße 10
Zarizyno 48
Zebrastreifen 123
Zeit 119
Ziferblatt 68
Zollbestimmungen 106
ZSKA 37
Zug 103
Zweiter Weltkrieg 94
Zwölf-Apostel-Kirche 27

Das komplette Programm zum Reisen und Entdecken
Reise Know-How Verlag

- **Reiseführer** – praktische Reisetipps von kompetenten Landeskennern
- **CityTrip** – kompakte Informationen für Städtekurztrips
- **CityTrip**PLUS – umfangreiche Informationen für ausgedehnte Städtetouren
- **InselTrip** – kompakte Informationen für den Kurztrip auf beliebte Urlaubsinseln
- **Wohnmobil-Tourguides** – praktische Reisetipps für Wohnmobil-Reisende
- **Wohnmobil-Tourguide Logbuch** – ein Buch für alles, was auf Fahrten wichtig ist
- **Wanderführer** – exakte Tourenbeschreibungen mit Karten und Anforderungsprofiler
- **KulturSchock** – Orientierungshilfe im Reisealltag
- **Die Fremdenversteher** – kulturelle Unterschiede humorvoll auf den Punkt gebrach
- **Kauderwelsch-Sprachführer** – schnell und einfach die Landessprache lernen
- **Kauderwelsch plus** – Sprachführer mit umfangreichem Wörterbuch
- **world mapping project™** – aktuelle Landkarten, wasserfest und unzerreißbar
- **Reisetagebuch** – das Journal für Fernweh und Reiselust
- **Edition Reise Know-How** – Geschichten, Reportagen und Abenteuerberichte

www.reise-know-how.de

Die cleveren Kauderwelsch-Sprachführer aus dem
Reise Know-How Verlag

**Kauderwelsch-Sprachführer
Russisch – Wort für Wort**
Elke Becker
ISBN 978-3-8317-6433-4
192 Seiten | Band 7
€ 9,90 [D]

REISEN MIT DEM SPEZIALISTEN
SEIT 1998

Machen Sie Ihre Russland Reise zu einem ganz besonderen Erlebnis!

Das bieten wir:

 Stadtführungen

 Visum-Service

 Städtereisen

 Bahnreisen

 Rundreisen

www.koenig-tours.de

Die Autorin

Heike Maria Johenning, geb. 1968, studierte Slawistik und Romanistik in München, Paris und Moskau und machte ihren Abschluss am Sprachen- und Dolmetscher-Institut München. Nach mehreren Studien- und Arbeitsaufenthalten in Moskau ist sie seit 1996 als Übersetzerin, Dolmetscherin und Autorin freiberuflich tätig. Aus dem Russischen übersetzte sie Standardwerke der Architekturtheorie. Als Autorin hat sie u. a. „CityGuide Moskau", „CityTrip Kiew", „City Trip Baku" sowie „Archimap – Neue Architektur in Moskau" veröffentlicht. Außerdem sind bei DOM publishers ihre Architekturführer zu Sankt Petersburg, Kiew, Krakau, Baku und Tbilisi erschienen. Sie ist seit über 25 Jahren mit Moskau bestens vertraut. Ihr besonderer Dank gilt den Moskauern, die ihr helfen, die Codes der Heimatstadt zu entschlüsseln, Eva und Ulf … und ihren Fixsternen Friedrich und Kasimir Johenning. Hinweise und Meinungen zum Buch nimmt sie gern unter kontakt@johenning.de entgegen.

Schreiben Sie uns

Dieses Buch ist gespickt mit Adressen, Preisen, Tipps und Daten. Unsere Autoren recherchieren unentwegt und erstellen alle zwei Jahre eine komplette Aktualisierung, aber auf die Mithilfe von Reisenden können sie nicht verzichten. Darum: Teilen Sie uns bitte mit, was sich geändert hat oder was Sie neu entdeckt haben. Gut verwertbare Informationen belohnt der Verlag mit einem Sprachführer Ihrer Wahl aus der Reihe „Kauderwelsch".

Kommentare übermitteln Sie am einfachsten, indem Sie die Web-App zum Buch aufrufen (siehe Umschlag hinten) und die Kommentarfunktion bei den einzelnen auf der Karte angezeigten Örtlichkeiten oder den Link zu generellen Kommentaren nutzen. Wenn sich Ihre Informationen auf eine konkrete Stelle im Buch beziehen, würde die Seitenangabe uns die Arbeit sehr erleichtern. Unsere Kontaktdaten entnehmen Sie bitte dem Impressum.

Impressum

Heike Maria Johenning

CityTrip Moskau

© REISE KNOW-HOW Verlag
Peter Rump GmbH 2014, 2017
3., neu bearbeitete und
komplett aktualisierte Auflage 2020

Alle Rechte vorbehalten.

ISBN 978-3-8317-3364-4

Printed in Germany

Druck und Bindung:
mediaprint solutions GmbH, Paderborn

Herausgeber: Klaus Werner
Layout: amundo media GmbH (Umschlag, Inhalt), Peter Rump (Umschlag)
Lektorat: Markus Bingel
Karten: Ingenieurbüro B. Spachmüller, amundo media GmbH
Anzeigenvertrieb: KV Kommunalverlag GmbH & Co. KG, Alte Landstraße 23, 85521 Ottobrunn, Tel. 089 928096-0, info@kommunal-verlag.de
Kontakt: Osnabrücker Str. 79, 33649 Bielefeld, info@reise-know-how.de

Alle Angaben in diesem Buch sind gewissenhaft geprüft. Preise, Öffnungszeiten usw. können sich jedoch schnell ändern. Für eventuelle Fehler übernehmen Verlag wie Autorin keine Haftung.

Bildnachweis

Umschlagvorderseite: stock.adobe.com © dimbar76 | Umschlagklappe rechts: Heike Maria Johenning (die Autorin)
Soweit ihre Namen nicht vollständig am Bild vermerkt sind, stehen die Kürzel an den Abbildungen für die folgenden Fotografen, Firmen und Einrichtungen. Heike Maria Johenning: hmj | fotolia.com by Adobe: fo | Bernhard Ludewig: bl | dreamstime.com: ds | Aleksey Naroditsky: an | stock.adobe.com: as | Ulf Buermeyer: ub

Liste der Karteneinträge

- ❶ [E4] Historisches Museum S. 14
- ❷ [E4] Auferstehungstor S. 14
- ❸ [E4] Kasaner Kathedrale S. 14
- ❹ [E4] Roter Platz S. 15
- ❺ [E4] GUM S. 16
- ❻ [E4] Lenin-Mausoleum S. 17
- ❼ [E5] Basilius-Kathedrale S. 18
- ❽ [F5] Alter Englischer Hof S. 19
- ❾ [F5] Palast der Bojaren Romanow S. 20
- ❿ [E4] Epiphanienkloster S. 20
- ⓫ [E4] Revolutionsplatz S. 20
- ⓬ [E3] Bolschoj-Theater S. 20
- ⓭ [E5] Der Kreml S. 22
- ⓮ [E5] Kremlpalast S. 25
- ⓯ [E5] Glockenturm Iwan der Große S. 25
- ⓰ [E5] Erzengel-Kathedrale S. 26
- ⓱ [E5] Zwölf-Apostel-Kirche und Patriarchenpalast S. 27
- ⓲ [E5] Mariä-Himmelfahrtskathedrale S. 27
- ⓳ [E5] Mariä-Verkündigungskathedrale S. 28
- ⓴ [E5] Großer Kremlpalast S. 29
- ㉑ [D5] Rüstkammer S. 29
- ㉒ [D5] Diamantenfonds S. 30
- ㉓ [D6] Schokoladenfabrik Roter Oktober S. 31
- ㉔ [D6] Haus am Ufer S. 32
- ㉕ [E6] Alte Tretjakow-Galerie S. 32
- ㉖ [D7] Skulpturenpark Muzeon S. 33
- ㉗ [D7] Neue Tretjakow-Galerie S. 33
- ㉘ [D8] Gorki-Park S. 35
- ㉙ [D3] Twerskaja Uliza S. 36
- ㉚ [D3] Museum für Moderne Geschichte Russlands S. 36
- ㉛ [C2] Metrostation Majakowskaja S. 36
- ㉜ [C2] Bulgakow-Wohnhaus S. 38
- ㉝ [C4] Gorki-Wohnhaus S. 38
- ㉞ [D6] Christ-Erlöser-Kathedrale S. 40
- ㉟ [D5] Puschkin-Museum der Bildenden Künste S. 41
- ㊱ [C6] MAMM (Multimedia Art Museum Moscow) S. 43
- ㊲ [B7] Tolstoj-Wohnhaus S. 43
- ㊳ [bj] Neujungfrauenkloster (mit Friedhof) S. 44
- ㊴ [S. 142] Sommerresidenz der Zaren in Kolomenskoje S. 46
- ㊵ [df] Allrussisches Ausstellungszentrum WDNH S. 47
- ㊶ [S. 142] Zarenpalast Zarizyno S. 48
- ㊷ [S. 142] Peredelkino – Boris Pasternaks Wohnhaus S. 49
- ㊸ [S. 142] Gorki Leninskije (Lenins Landsitz) S. 50
- ㊹ [S. 142] Sergijew Possad S. 51
- ●1 [F5] Sarjadje-Park S. 20
- ▲2 [E3] CDM (Centralnyj Detskij Magasin) S. 21
- ●3 [F4] Haus der Kaufmannsgesellschaft S. 39
- ●4 [E4] Hotel Metropol S. 39
- ●5 [H1] Jarowslawler Bahnhof S. 39
- ●6 [C6] Mietshaus Isakow S. 40
- ●7 [C3] Villa Morosowa S. 40
- ⓜ8 [cg] Jüdisches Museum S. 54
- ⓜ9 [aj] Mosfilm S. 54
- ⓜ10 [C7] Moskauer Stadtmuseum S. 55
- ⓜ11 [dh] Museum der Streitkräfte S. 55
- ⓜ12 [aj] Museum des Großen Vaterländischen Krieges S. 55
- ⓜ13 [G6] Museum des Kalten Krieges (ZKP Bunker Taganka) S. 56
- ⓜ14 [df] Raumfahrtmuseum S. 56
- ⓜ15 [ch] Revolutionsdruckerei von 1905 S. 56
- ⓜ16 [df] Museum im Sockel der Skulptur „Arbeiter und Kolchosbäuerin" S. 57
- ⓜ17 [D5] Schtschussew-Architekturmuseum S. 58
- ⓖ18 [cg] Chlebosawod Nr. 9 (Brotfabrik Nr. 9) S. 59
- ⓖ19 [cg] Flakon S. 59
- ⓜ20 [D8] Garage Center for Contemporary Culture S. 59

Liste der Karteneinträge

- 🍴21 [ei] Winsawod S. 60
- 🍴22 [D4] Akademia S. 62
- 🍴23 [D6] Bar Strelka S. 62
- 🍴24 [E3] Baraschka S. 62
- 🍴25 [D4] Dr. Schiwago Grand Café S. 63
- 🍴26 [G5] Expedizija S. 63
- 🍴27 [D6] Il Patio S. 64
- 🍴28 [E3] Jagannath (1) S. 64
- 🍴29 [C1] Jagannath (2) S. 64
- 🍴30 [E3] Lawkalawka S. 64
- 🍴31 [C3] Mari Vanna S. 64
- 🍴32 [D3] Menza S. 64
- 🍴33 [F8] Obolomow S. 65
- 🍴34 [D3] Puschkin S. 65
- 🍴35 [D2] Scenario S. 65
- 🍴36 [bi] Sixty S. 65
- 🍴37 [D6] Spezbufet Nomer 7 S. 66
- 🍴38 [E4] Strana kotoroj njet S. 66
- 🍴39 [E3] Technikum S. 66
- ☕40 [F2] Schelesnyj Feniks, Roschdestwenskij S. 66
- ☕41 [C2] Tschaichona Nomer 1 S. 67
- 🍴42 [D2] Grabli S. 67
- 🍴43 [E3] Kamtschatka S. 67
- 🍴44 [E3] Karawajewi (1) S. 67
- 🍴45 [C2] Karawajewi (2) S. 67
- 🍴46 [B7] Karawajewi (3) S. 67
- 🍴47 [E3] Prime S. 68
- 🍴48 [C6] Teremok S. 68
- ☕49 [E4] Bosco Café S. 68
- ☕50 [C6] Chleb & Co S. 68
- ☕51 [F4] Coffeemania (1) S. 69
- ☕52 [D3] Ziferblatt S. 68
- ☕53 [D2] Coffeemania (2) S. 69
- ☕55 [D4] Eat & Talk S. 69
- ☕56 [F3] LigaPub S. 69
- ☕58 [F6] Schokoladniza S. 70
- ☕59 [C2] Stolle S. 70
- ☕60 [C3] Wolkonskij S. 70
- ☕61 [F3] Zoar Café S. 71
- 🍷62 [ei] Arma 17 S. 72
- 🍹63 [G7] City Space Bar S. 72
- 🍹64 [D6] Gipsy Bar S. 72
- ☕65 [D3] Glawpiwmag S. 73
- ☕66 [F3] Glawpiwtorg S. 73
- 🍷67 [E2] Gnezdoglucharija S. 73
- 🍷68 [E5] Icon S. 73
- 🍹69 [B7] Lutsch S. 73
- 🍹70 [D3] Kot Schrjodingera S. 73
- 🍹71 [bi] Nikuda ne jedjem S. 74
- ☕72 [C5] Schiguli S. 74
- 🍷73 [F5] Vermel S. 74
- 🍹74 [D6] Wunder Klub S. 74
- ☕75 [D4] Moskauer Konservatorium S. 74
- 🛍76 [C5] Arbatskaja Lawitsa S. 75
- 🛍77 [C2] Imperatorskij Farfor S. 76
- 🛍78 [D3] KM20 S. 76
- 🛍79 [E4] NE-Nouvelle Etoile (Nowaja Sarja) S. 77
- 🛍80 [G4] Prosto tak S. 77
- 🛍81 [C5] Russkije Suveniry S. 77
- 🛍82 [C5] Russkije Tschasowye Tradizii S. 77
- 🛍83 [F3] Biblio-Globus S. 79
- 🛍84 [C4] Dom Knigi S. 79
- 🛍85 [D3] Moskwa Kniga S. 79
- 🛍86 [C2] Respublica (1) S. 79
- 🛍87 [D4] Respublica (2) S. 79
- 🛍88 [C4] Antiquariat Bukinist S. 80
- 🛍89 [D3] Transylvanien S. 80
- 🛍90 [C2] Natura Siberica S. 80
- 🛍91 [E2] Adidas Originals (1) S. 80
- 🛍92 [E3] Adidas Originals (2) S. 80
- 🛍93 [F8] Armejskij Magasin S. 80
- 🛍94 [E4] Bosco Fresh S. 80
- 🛍95 [D2] Ekaterina S. 81
- 🛍96 [D6] Turbo Yulia Studio S. 81
- 🛍97 [C4] Vassa & Co S. 81
- 🛍98 [bi] Afi-Mall S. 81
- 🛍99 [E2] Zwetnoj Uniwermag S. 82
- 🛍100 [D3] Jelissejew S. 82
- 🛍101 [F3] Teehaus Tschaj-Kofe (Dom Perlowa) S. 83
- 🛍102 [dk] Danilowskij Rynok S. 83
- •104 [B5] Melnikow-Haus S. 83
- •105 [B5] Außenministerium S. 90
- •106 [H1] Hotel Leningradskaja S. 90
- •107 [ak] Moskauer Staatliche Universität (MGU) S. 90
- •108 [H2] Verwaltungsgebäude in der Ul. Sadowaja-Spasskaja S. 91

Liste der Karteneinträge

- ●109 [B3] Wohnhaus am Kudrinskaja Pl. 1 S. 91
- ●110 [G6] Wohnhaus in der Kotelnitscheskaja Nab. 17/1 S. 91
- ●111 [H4] Atrium S. 97
- ❶112 [bi] Terrasse 354 S. 99
- ⓦ113 [bi] Ruski Restaurant S. 99
- 🏛114 [bi] Moscow City Museum S. 100
- ⓦ115 [bi] Obedbufet S. 100
- ●116 [aj] Deutsche Botschaft S. 104
- ●118 [C6] Österreichische Botschaft S. 104
- ●119 [B6] Schweizerische Botschaft S. 104
- ✉120 [F3] Potschta S. 105
- ●121 [D3] Komitee der Kulturbehörde S. 106
- ✚123 [B2] German Dental Care S. 111
- ✚124 [E8] Med S. 112
- ✚125 [aj] Praxis der deutschen Botschaft S. 112
- ✚126 [D3] Apteka 36.6 (1) S. 112
- ✚127 [E4] Apteka 36.6 (2) S. 112
- 🏛128 [af] Experimentanium S. 113
- 🏛129 [E1] Obraszow-Puppentheater und -Museum S. 113
- ●130 [B3] Planetarium S. 113
- ●131 [E2] Zirkus Nikulin S. 113
- ❂132 [dh] BoyZ Club S. 114
- ❂133 [dk] Central Station MSK S. 114
- ❂134 [G4] MONO Bar S. 114
- ✉135 [D4] Zentrales Telegrafenamt S. 115
- ✉136 [E4] DHL-Express-Zentrum S. 115
- ●137 [bh] Krasnopresnenskije Banji S. 115
- ●138 [E3] Sandunowskaja Banja S. 116
- ●139 [bk] Luschniki S. 116
- ●141 [B3] Patriarshy Dom Tours S. 118
- 🏨142 [B5] Azimut Smolenskaja S. 120
- 🏨143 [F3] Brick Design Hotel S. 120
- 🏨144 [B5] Bulgakov Mini-Hotel S. 120
- 🏨145 [D4] Courtyard Marriott S. 120
- 🏨146 [dk] Danilowskaja S. 120
- 🏨147 [F7] IBIS Moscow Centre Hotel S. 120
- 🏨148 [bi] IBIS Moscow Kiewskaja S. 121
- 🏨149 [E6] Kadaschewskaja Hotel S. 121
- 🏨150 [bk] Korston Klub Hotel S. 121
- 🏨151 [H3] Mamaison Pokrovka Suite Hotel S. 121
- 🏨152 [bi] Panorama City Hotel S. 121
- 🏨153 [G4] Pokrovka 6 Hotel S. 121
- 🏨154 [bi] Radisson Collection Hotel S. 121
- 🏨155 [bi] Red Brick Hotel (Presnja) S. 122
- 🏨156 [F7] Richter Hotel S. 122
- 🏨157 [D4] Ritz-Carlton S. 122
- 🏨158 [E2] Godzillas Hostel S. 122
- 🏨159 [bi] Icon Hostel S. 122
- ●160 [A5] Balmont Apartments S. 122
- ●161 [B6] Rimma Arsumjan S. 122

Hier nicht aufgeführte Nummern liegen außerhalb der abgebildeten Karten. Ihre Lage kann aber wie die von allen Ortsmarken im Buch mithilfe der Web-App angezeigt werden (s. S. 144).

Moskau, Umgebung

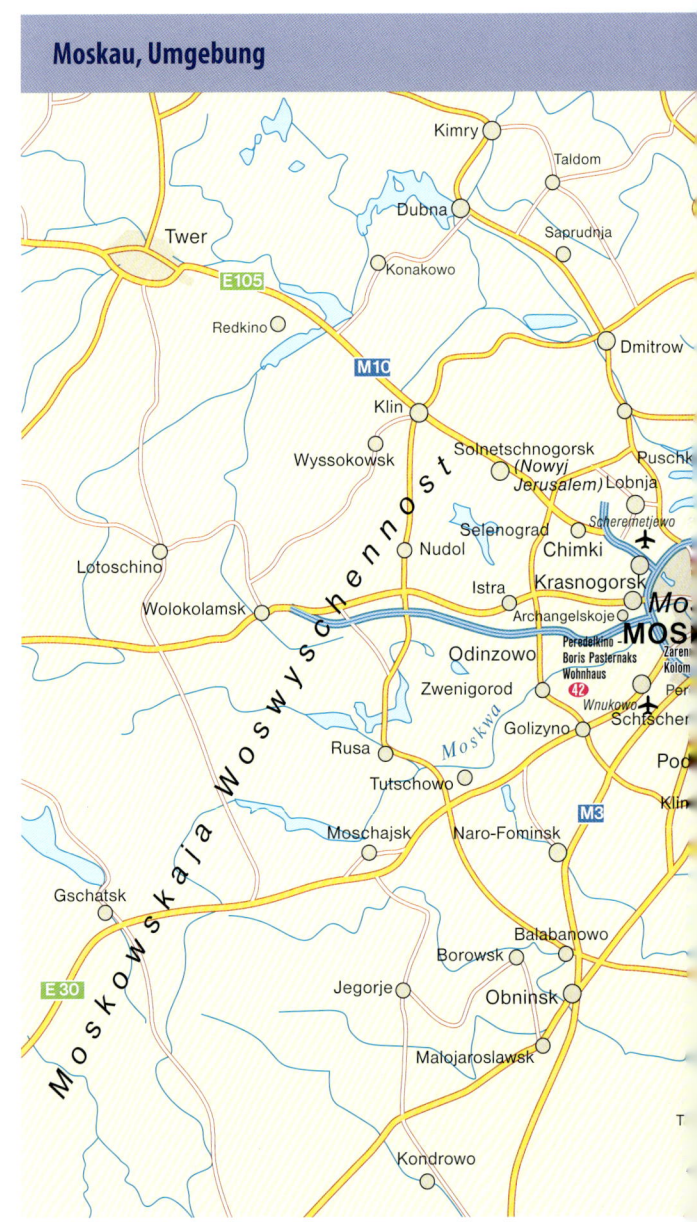

Moskau, Umgebung 143

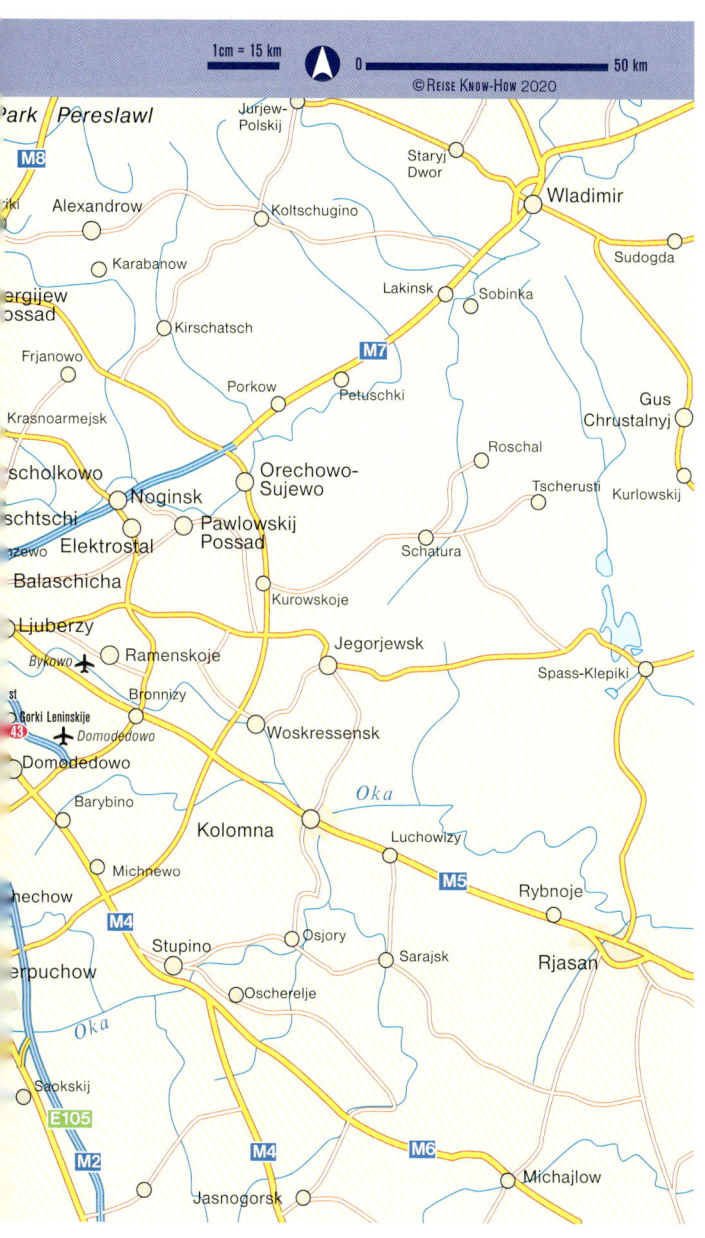

Moskau mit PC, Smartphone & Co.

QR-Code auf dem Umschlag scannen oder **www.reise-know-how.de/citytrip/moskau20** eingeben und die **kostenlose Web-App** aufrufen (Internetverbindung zur Nutzung nötig)!

★ **Anzeige der Lage und Satellitenansicht aller** beschriebenen Sehenswürdigkeiten und weiteren Orte
★ **Routenführung** vom aktuellen Standort zum gewünschten Ziel
★ **Exakter Verlauf** des empfohlenen Stadtspaziergangs
★ **Audiotrainer** der wichtigsten Wörter und Redewendungen
★ **Updates** nach Redaktionsschluss

GPS-Daten zum Download
Die GPS-Daten aller Ortsmarken und Spaziergänge können hier geladen werden: www.reise-know-how.de, dann das Buch aufrufen und zur Rubrik „Datenservice" scrollen.

Stadtplan für mobile Geräte
Um den Stadtplan auf Smartphones und Tablets zu nutzen, empfehlen wir die App „Avenza Maps" der Firma Avenza™. Über die Funktion „Store" kann die „Citymap Moscow 2020" kostenlos geladen werden.

Die Web-App und der Zugriff auf diese über QR-Codes sind eine freiwillige, kostenlose Zusatzleistung des Verlages. Der Verlag behält sich vor, die Bereitstellung des Angebotes und die Möglichkeit der Nutzung zeitlich und inhaltlich zu beschränken. Der Verlag übernimmt keine Garantie für das Funktionieren der Seiten und keine Haftung für Schäden, die aus dem Gebrauch der Seiten resultieren. Es besteht ferner kein Anspruch auf eine unbefristete Bereitstellung der Seiten.

Zeichenerklärung

⓫	Hauptsehenswürdigkeit
[A7]	Verweis auf Planquadrat im Kartenmaterial
✚ ✚	Arzt, Apotheke, Krankenhaus
❶	Bar, Bistro, Klub, Treffpunkt
	Bibliothek
	Café, Teehaus
	Denkmal
	Galerie
	Geschäft, Kaufhaus, Markt
	Hotel, Unterkunft
	Imbiss
	Hostel
	Kneipe, Pub
	Kirche
Ⓜ	Metro-Station
	Moschee
	Museum
	Musikszene, Disco
	Polizei
	Post
	Restaurant
●	Sonstiges
○	Straßenbahn-Haltestelle
	Synagoge
	Theater
―	Stadtspaziergang (s. S. 12)
	Shoppingareale
	Gastro- und Nightlife-Areale

Bewertung der Sehenswürdigkeiten

★★★ auf keinen Fall verpassen
★★ besonders sehenswert
★ wichtige Sehenswürdigkeit für speziell interessierte Besucher